北京市西城区人民调解员协会
副会长刘跃新为本书题词

RENMIN TIAOJIE ZHIDU YANSHEN JIZHI YANJIU

人民调解制度延伸机制研究

刘艳云 ◎著

知识产权出版社
全国百佳图书出版单位

图书在版编目(CIP)数据

人民调解制度延伸机制研究 / 刘艳云著. —北京：知识产权出版社，2014.11
ISBN 978-7-5130-3137-0

Ⅰ.①人… Ⅱ.①刘… Ⅲ.①民事纠纷—调解(诉讼法)—研究—中国 Ⅳ.①D925.114

中国版本图书馆CIP数据核字(2014)第262473号

内容提要

本书的研究背景是：2007年，北京市西城区人民调解员协会率先在全市范围内确立了在法院立案大厅内设置"人民调解工作室"的工作模式。这个调解工作室，不受人民法院委托之限制，完全以"独立第三方"的身份，将人民调解直接延伸至法院内，第一时间接访当事人。几年来，调解人员除了解答各种法律咨询外，还适时给予及时的调解工作，这不仅在客观上缓解了法院立案窗口的压力，还受到了广大来访群众的认可。从而使"人民调解延伸至法院"这一工作模式得以成为定式。这对提升我们拓展人民调解工作新模式的意识有很好的帮助作用，更是有一种积极的促进作用，必将给辛勤工作在人民调解岗位上的同志们一种全新的启示。

本书从人民调解的理论基础入手，结合北京市西城区人民调解工作室设立8年来的第一手工作数据，阐述了当前民间纠纷形势、当事人群体、调解工作室的作用、诉前调解中引入人民调解作为"第三方"的公信力、意义以及今后的发展方向等。

责任编辑：安耀东

人民调解制度延伸机制研究

RENMIN TIAOJIE ZHIDU YANSHEN JIZHI YANJIU

刘艳云 著

出版发行：知识产权出版社 有限责任公司		网　　址：http://www.ipph.cn	
电　　话：010-82004826		http://www.laichushu.com	
社　　址：北京市海淀区马甸南村1号		邮　　编：100088	
责编电话：010-82000860转8534		责编邮箱：an569@qq.com	
发行电话：010-82000860转8101/8029		发行传真：010-82000893/82003279	
印　　刷：北京科信印刷有限公司		经　　销：各大网上书店、新华书店及相关专业书店	
开　　本：720mm×1000mm　1/16		印　　张：6.75	
版　　次：2014年11月第1版		印　　次：2014年11月第1次印刷	
字　　数：97千字		定　　价：28.00元	

ISBN 978-7-5130-3137-0

出版权专有 侵权必究
如有印装质量问题，本社负责调换。

序

众所周知，人民调解在我国具有悠久的历史和深厚的文化基础，它以说服的方式促使矛盾冲突的双方在争取或保护自己权利方面相互妥协，从而达成共识，是在公正、平等前提下达成的互谅互利。

近年来，随着社会主义市场经济的不断发展，社会经济成分、利益关系和分配方式等日益多样化，各种利益冲突和摩擦不断出现，由此产生了形形色色的纠纷与矛盾。如果说"人民调解"是解决民间纠纷的"第一道防线"，那么，人民法院则是最后一道"盾牌"。因此可以说，通过人民调解疏导和化解纠纷，避免矛盾的激化和事态的扩大，可以尽最大可能把矛盾解决在萌芽状态，解决在基层，有利于节省司法资源，减轻当事人诉累，快速解决纠纷与有效恢复被损害的社会关系。

在当前司法调解、行政调解、人民调解三大调解体系下，为了缓解人民法院受理案件的压力，减少当事人的诉累，各级人民法院均在努力推行"诉前调解"工作机制。即根据当事人自愿原则，法院在纠纷受理前委托专门的资深调解员或者相关调解组织进行调解，调解成功后直接由法院出具相关的民事法律文书，无须再进入复杂的诉讼程序，从而经济、迅捷地解决各类民商事纠纷，平和化解矛盾，切实保护当事人的合法权益。但是这种机制，因其调解的主体系受人民法院之委托，并以人民法院为后盾，所以，本质上还是从"司法调解"中衍生出来的一种工作模式。

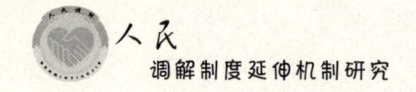

然而，另一个摆在我们面前的实际问题也不容忽视：虽然我国在不断加大人民调解的工作力度，但是，随着人民群众法律意识的不断提高和诉求的不断多样化，很多当事人是以"冲破"或"绕过"人民调解这"第一道防线"方式，直接要将自己的诉求（不论是否能够实现）提交到人民法院，以期获得自己所期望的结果。在这种心理驱动下，人民法院再行"诉前调解"，往往不易得到当事人的认同，甚至会引发对人民法院"有倾向""和稀泥"等误解。

2007年，北京市西城区人民调解员协会经过与区人民法院认真调研，率先在全市范围内确立了在法院立案大厅内设置"人民调解工作室"的工作模式。这个调解工作室，不受人民法院委托之限制，完全以"独立第三方"的身份，将人民调解"第一道防线"直接延伸至法院内，第一时间接访当事人。几年来，调解人员除了解答各种法律咨询外，还适时给予及时的调解工作，这不仅在客观上缓解了法院立案窗口的压力，还受到了广大来访群众的认可，从而使"人民调解延伸至法院"这一工作模式得以成为定式。

根据"人民调解工作室"掌握的大量的一手材料，承蒙中共北京市西城区委党校社会学教研室主任刘艳云老师的高度重视，在进行了深入的调研剖析后，历时一年完成了本书。

这本书，从人民调解的理论基础入手，结合人民调解工作室设立八年来的第一手工作数据，依次阐述了当前民间纠纷形势、当事人群体分析、调解工作室的作用、诉前调解中引入人民调解作为"第三方"的公信力、意义，以及今后的发展方向等几个方面，均做了详细的论述。这不仅对提升我们拓展人民调解工作新模式的意识有很好的帮助作用，还有一种积极的促进作用，必将给辛勤工作在人民调解岗位上的同志们一种全新的启示。

在此，感谢刘艳云老师为此付出的努力，感谢北京市西城区司法局的大力支持，并向西城区人民调解员协会全体工作人员的辛勤劳动致以衷心的敬意。

会　长

北京市西城区人民调解员协会

副会长

2014年7月于北京

前　言

　　人民调解是一项人民群众自我教育、自我管理、自我服务的重要法律制度，是化解人民内部矛盾、维护社会和谐稳定的"第一道防线"。党和政府如何更好地发挥人民调解组织的作用，成为司法行政机关、审判机关和有关专家、学者研究的重要课题。北京市西城区司法局在西城区人民法院建立了涉诉纠纷调解委员会，在法院建立人民调解工作室，尝试推动人民调解与法院立案审判的衔接互动，完善多元化社会纠纷解决机制，努力实现人民调解与司法审判工作的"双赢"，标志着人民调解与司法调解之间成功实现了对接，为建立多元化的矛盾纠纷化解机制迈出了创新步伐。

　　实践证明，人民调解与其他纠纷解决方式相比，具有基础性、群众性、社会性、长效性、治本性等特点。人民调解具有覆盖社会各界的网络组织优势，在矛盾排查、预防、化解、控制方面有其独特功能。人民调解注重合情、合理、合法地消除纷争，不打破原有的人际关系和社会结构，有利于促进社会和谐。在人民调解委员主持下自愿达成的协议，容易得到自觉履行。人民调解将萌芽状态的民间矛盾纠纷及时化解，可以有效防止"民转刑"案件的发生，从而在维护社会稳定方面起到治本作用。充分发挥人民调解的作用，就能把大量的矛盾纠纷化解在基层，从而有效降低法院的案件负担，减轻法院"讼累"压力，让法院集中精力解决法律上的疑难病症，提高裁判的质量。因此，人民调解在维护社会稳定工作中具有不可替代的作用和优势，堪称维护社会稳定的"第一道防线"。

　　但是，随着改革力度的不断加大和市场经济条件下利益格局的不断

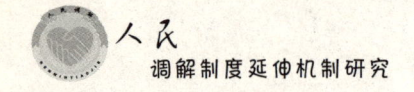

调整，社会发展进入了矛盾多发期，民间纠纷也呈现出和以往完全不同的特点，主要表现在：一方面，传统的民间纠纷大量存在并呈现出与其他纠纷相互交错、互为因果的状态；另一方面，公民与法人及其他社会组织之间涉及利益关系的纠纷也大量出现；同时，群体性纠纷特别是由动拆迁和企业改制等引发的矛盾明显增多。面对新形势下民间纠纷的这些特点，传统的人民调解工作，无论是在组织机构，还是在队伍素质、工作手段上，都暴露出一些不适应之处。人民法院是民间纠纷的汇集地，是解决和处理民间纠纷的"最后一道防线"，如何在当前"大调解"格局的模式下，尝试在这两者之间——在人民调解实行的"非诉讼调解"与人民法院实行的"诉讼调解"之间寻求一种新的调解模式，探讨两者间的衔接机制，可谓是一种富有创新的设想。

本书从北京市西城区人民调解员协会在西城区人民法院设立人民调解室这一实践切入，详细梳理其基本做法、成功之处和探索成果，抛砖引玉，指出困惑，启发共鸣，与法律工作者共同探讨人民调解制度延伸机制的问题。

目 录

第一章 人民调解制度延伸机制的基础理论 ……………………1
  一、人民调解的历史、发展 …………………………………1
    （一）调解制度的历史起源与发展 ………………………1
    （二）人民调解制度的历史发展过程 ……………………3
  二、人民调解的概念解读 ……………………………………5
    （一）人民调解的概念 ……………………………………5
    （二）人民调解的性质与特征 ……………………………5
  三、人民调解的价值和社会功能 ……………………………7
    （一）人民调解的意义和价值取向 ………………………7
    （二）人民调解的社会功能 ……………………………11
  四、国内外相关制度的比较 …………………………………14
    （一）国外民事司法制度中引入ADR的情况 …………14
    （二）我国人民调解制度与国外民事司法制度中ADR机制之比较 …16
    （三）人民调解与仲裁和信访 …………………………18
    （四）人民调解、司法调解和行政调解的比较 …………27
    （五）人民调解与诉讼 …………………………………29
  五、人民调解的原则 ………………………………………31
    （一）当事人自愿、平等原则 …………………………31
    （二）不违背法律法规政策原则 ………………………32
    （三）尊重当事人权利原则 ……………………………32

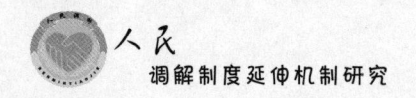

第二章 人民调解制度延伸机制的实践研究
——以北京市西城区人民调解员协会为实例 ·············33
- 一、人民调解工作室 ··············33
- 二、人民调解工作室接访案件的类型 ···········33
  - （一）民间纠纷中，民事纠纷占98% ···········34
  - （二）民事纠纷的特点 ············34
  - （三）来访人员构成呈三大群体特点 ·········43
- 三、人民调解工作室的工作 ············48
  - （一）人民调解工作室的月均接访工作量 ·······48
  - （二）人民调解工作室的接访纠纷之调解率 ·······49
  - （三）人民调解工作室接访诉前、诉中与诉后纠纷之比例 ····51
  - （四）人民调解工作室的调解与指导工作之方法 ······51
- 四、人民调解制度延伸机制的实践经验 ··········57
  - （一）特定环境下的独立第三方身份更具有"公信力" ·····57
  - （二）设于法院内是开展人民调解工作的最佳契合点 ·····59
  - （三）"单方（单独）调解"的方法得到彰显 ········60
  - （四）人民调解与诉讼调解有效衔接 ·········62
  - （五）社会工作经验与专业工作能力的保障作用不容忽视 ···63

第三章 关于完善人民调解制度延伸机制的思考 ·········65
- 一、调解延伸是人民调解发展的客观需要 ·········65
  - （一）便于了解当地情况且针对性地调整工作方略 ·····65
  - （二）便于与人民法院进行沟通 ··········65
  - （三）便于加强对基层人民调解委员会的工作指导 ·····66
  - （四）便于提高人民调解工作的影响力 ········66
  - （五）便于在"大调解"体系中建立深度的衔接机制 ·····66
- 二、人民调解延伸是民主法制的进步 ···········67
  - （一）司法社会化成为普遍趋势 ··········68

（二）走出司法能力不足的困境，实现诉前分流 ………………68
　　（三）人民调解工作的发展不能适应社会纠纷形态的变化 ………69
　　（四）在基层法院设立人民调解工作室提升人民调解机制的功能　71
　　（五）在基层法院设立人民调解工作室能够提高纠纷解决的效益　72
三、人民调解延伸的现状与问题 ……………………………………………72
　　（一）诉前调解与诉讼指导工作与法院立案庭工作尚未建立
　　　　　沟通和交流机制 ……………………………………………………73
　　（二）涉诉调解、指导工作与法院民事审判工作之间无沟
　　　　　通和交流机制 ………………………………………………………74
　　（三）人民调解工作室缺乏及时了解、掌握最新司法资料
　　　　　和审判动态信息的渠道 ……………………………………………74
　　（四）司法资源有待"有效"整合 …………………………………………75
　　（五）人民调解工作室在某种程度上给虚假调解创造了便利条件 …75
四、深化人民调解制度延伸机制之建议 ……………………………………75
　　（一）扩大人民调解工作室调解的范围 ………………………………77
　　（二）加大对人民调解工作室资金的投入 ……………………………78
　　（三）调整普法宣传与业务培训方向 …………………………………79
　　（四）推动人民调解工作室调解员的专业化建设 ……………………79
　　（五）加强基层人民法院对调解工作室工作的指导 …………………80
　　（六）逐步建立与法院诉讼调解工作相适应的各种延伸机制 ………85
　　（七）严格适用司法确认程序，加强人民调解协议的法律效力 ……89
结　语 …………………………………………………………………………91
参考文献 ………………………………………………………………………92
后　记 …………………………………………………………………………94

第一章　人民调解制度延伸机制的基础理论

人民调解制度是中国共产党领导人民在革命根据地创建的依靠群众解决民间纠纷的、实行群众自治的一种自治制度。它是人民司法工作的必要补充和得力助手。现在该制度是指在人民调解委员会主持下，以国家的法律、法规、规章、政策和社会公德为依据，对民间纠纷当事人进行说服教育、规劝疏导，促使纠纷各方当事人互谅互让，平等协商，自愿达成协议，消除纷争的一种群众自治活动。

《中华人民共和国宪法》（以下简称《宪法》）《中华人民共和国民事诉讼法》（以下简称《民事诉讼法》）《中华人民共和国人民调解法》（以下简称《人民调解法》）等法律、法规对人民调解工作都作出了明确的规定。而且我国现行的人民调解制度，是在党的领导下继承和发扬我国民间调解的历史传统，经历了我国新民主主义革命、社会主义革命与建设的实践，不断完善和发展起来的一项具有中国特色的、重要的社会主义民主法律制度。长期以来，人民调解制度在维护社会稳定、实现群众自治、加强社会主义民主法制建设中作出了突出的贡献，在国际上享有"东方经验""东方一枝花"的美誉。

一、人民调解的历史、发展

（一）调解制度的历史起源与发展

人民调解制度渊源于中华民族的文化传统。中华民族的祖先，把原始

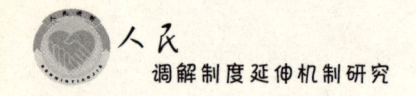

氏族首领解决内部纷争的调解与和解方式带进了文明时代，在西周奴隶时代开始建制。

据考证，在3000多年前的西周官府中，就设有"调人""胥吏"的官职，专司调解纠纷，平息诉讼，维护社会秩序。

到2000多年前的秦汉时期，官府中的调解制度发展为乡官治事的调解机制。县以下的乡、亭、里设有夫，承担"职听讼"和"收赋税"两项职责，其中"职听讼"即调解民间纠纷。

唐代沿袭秦汉制度，县以下行政组织没有审判权，乡里民间纠纷、讼事，则先由坊正、村正、里正调解。调解未果，才能上诉到县衙。我国历史上实行行政与司法一体化，县官即法官。

明代沿袭和发展了历代的调解制度，并将民间调解行为上升为法律规范。《大明律》专门有关于"凡民间应有讼，许耆老、里长准受于本亭剖理"的规定。根据《大明律》的规定，明朝在乡一级专门设置了调解民间纠纷的处所"申明亭"，由耆老、里长主持调解并形成制度。

清代县乡以下基层组织实行保甲制，设排头、甲头、保正，负责治安、户籍、课税和调解民间纠纷。

中华民国县下设区、乡、镇。民国政府《区自治施行法》和《乡镇自治施行法》都规定，区、乡、镇设立调解委员会，其成员需由具有法律知识和有威望的公正人士担任，并且由所在区、乡、镇公民中选举产生。

民间调解这种具有纯朴性质的原始民主和人道精神的调解，在中华民族五千年的历史文化中，被糅合到我国政治、哲学、宗教、伦理、道德、社会风俗民情以及民族心理素质中，成为中华民族的精神财富、处事习惯以及和解纠纷、息事宁人、和睦相处的美德。当双方发生的矛盾纠纷不能解决时，就求助于长辈、亲朋以及处事公道的人予以调解，以消除纠纷和保持和睦，维护了社会的稳定。经几千年的发展演变，民间调解形式有"乡治调解""宗族调解"和"邻里亲朋调解"三种方式。这些民间调解方式都有利于生产力的发展和种族延续，作为司法制度的补充几千年来长盛不衰，成为中华民族的优良传统之一。

(二)人民调解制度的历史发展过程

我国现代的人民调解制度萌芽于土地革命战争时期，在共产党领导下的反对封建土地制度的农会组织和在一些地区建立的局部政权组织中设立调解组织，调解农民之间的纠纷。1921年，浙江萧山县衙前村农民协会宣言中，规定了会员间纠纷的调解办法；1922年，中国共产党的创始人之一彭湃领导广东农民成立了"赤山约农会"，下设"仲裁部"，专门调解农会会员之间的纠纷，这是人民调解委员会最早的萌芽。之后，广东、广西、江西、陕西、湖南、湖北等地建立的两万多个农会中，都设有调解组织。

第二次国内革命战争时期，中国共产党建立的中华苏维埃共和国的区、乡两级政府，川陕省的区、乡级苏维埃政府都设有"裁判委员会"，负责办理民事案件，解决群众纠纷。

抗日战争时期，人民调解制度得到进一步发展。当时的陕甘宁边区、山东抗日民主根据地、晋察冀边区、苏中区等地乡村都设有调解组织，并且称之为"人民调解委员会"，以示翻身农民当家做主，这个名称沿用至今。抗日民主政府和解放区的人民政府，根据各地情况分别颁布了调解的地方法规，如《山东省调解委员会暂行组织条例》《晋察冀边区行政村调解工作条例》《冀南区民刑事调解条例》和华北人民政府作出的《关于调解民间纠纷的决定》等。

新中国成立后，人民调解制度作为司法制度建设和社会主义基层民主政治制度建设的重要内容，得到了党和政府的关怀与支持。1950年，周恩来总理专门指示，"人民司法工作还须处理民间纠纷……应尽量采取群众调解的办法以减少人民讼争"。1953年第二届全国司法工作会议后，开始在全国区、乡党委和基层政权组织内有领导、有步骤地建立健全人民调解组织。1954年，政务院颁布了《人民调解委员会暂行组织通则》（以下简称《通则》），在全国范围内统一了人民调解组织的性

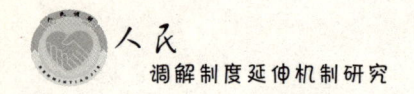

质、名称、设置，规范了人民调解的任务、工作原则和活动方式，明确规定人民调解委员会是群众自治性组织，要求人民调解必须依法、依社会公德调解，遵守平等、自愿及不剥夺诉权的三个原则。《通则》的颁布，是我国人民调解制度发展史上的重要里程碑，标志着人民调解制度在新中国的确立。[1]1982年，人民调解被载入宪法的第111条第2款，其后《民事诉讼法》《继承法》《婚姻法》《村民委员会组织法》《居民委员会组织法》和《人民调解委员会组织条例》等法律规范都将人民调解制度纳入其中，从而确立了人民调解工作较高的法律地位。[2]1989年6月17日，国务院颁布《人民调解委员会组织条例》，对人民调解的性质、任务、工作原则、组织形式等方面进行了细化，[3]成为了《人民调解法》颁布以前我国人民调解工作的最高指导文件。1999年初，在第四次全国人民调解工作会议上，司法部将人民调解工作的方针调整为"调防结合，以防为主，多种手段，协同作战"，建立起适应解决新形势下人民内部矛盾的"大调解"工作机制。[4]2002年9月，中共中央办公厅和国务院转发了《最高人民法院司法部关于进一步加强新时期人民调解工作的意见》，司法部公布了《人民调解工作的若干规定》，最高人民法院审判委员会第1240次会议通过了《最高人民法院关于审理涉及人民调解协议的民事案件的若干规定》法律解释（〔2002〕29号），这些举措有助于人民调解作用的更大发挥，并实现了人民调解与诉讼的衔接，推动了人民调解工作的发展。2007年国务院将《人民调解法》的制定纳入本年度立法计划，司法部制定《人民调解法》草案并征求民众意见，[5]标志着人民调解制度法律化的开始。2010年8月28日，第十一届全国人民代表大会常务委员会第十六次会议上通过了《中华人民共和国人民调解法》，并于2011年1月1日起施行，从而正式以专门的法律形式确立了人民调解制度的法律地位。

二、人民调解的概念解读

(一)人民调解的概念

《中国大百科全书·法学卷》将调解定义为"双方或多方当事人之间发生民事权益纠纷,由当事人申请,或者人民法院、群众组织认为有和好可能时,为了减少诉累,经法庭或者群众组织从中排解疏导、说服教育,使当事人相互谅解,争端得以解决,是谓调解"。[6]通常来说,争议和纠纷是由第三方出面依据一定的规则、准则进行调解,经调解达成的调解协议,争议双方必须履行。

虽然调解作为一种解决纠纷的有效手段存在已久,但人民调解制度却是人类社会发展到一定阶段的产物。《人民调解法》第二条指出:"本法所称人民调解,是指人民调解委员会通过说服、疏导等方法,促使当事人在平等协商基础上自愿达成调解协议,解决民间纠纷的活动。"

(二)人民调解的性质与特征

人民调解属于民间调解,是化解矛盾、消除纷争的非诉讼纠纷解决方式之一。它是在依法设立的人民调解委员会的主持下,以国家的法律、法规、规章、政策和社会公德为依据,对民间纠纷当事人进行说服教育、规劝疏导,促使纠纷各方互谅互让、平等协商,自愿达成和解协议,消除纷争的活动。

1.人民调解的性质

第一,人民调解是群众性组织的自治活动。

第二,人民调解是说服、疏导的居间调解。

第三,调解活动是平等协商,调解协议是自愿达成。

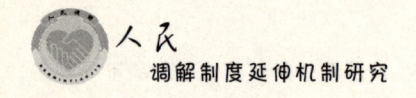

2. 人民调解的特征

人民调解具有群众性、自治性、民间性三个本质特征。

（1）群众性。

人民调解委员会依法设立，一般是在乡镇或街道办事处下设的调解民间纠纷的群众性自治组织（也可在农村村民委员会、城市/社区居民委员会设立人民调解委员会；企业事业单位根据需要设立人民调解委员会；根据需要设立的区域性、行业性的人民调解委员会），在基层人民政府和基层司法行政部门指导下进行工作。从事人民调解工作的人民调解员是经人民群众选举或由人民调解委员会聘任产生的，人民调解员无论是专职或兼职，都是受群众之托为群众化解矛盾纠纷。人民调解工作的依据是体现全体人民共同利益的国家的法律、法规、规章、政策和社会公德。人民调解的宗旨是为人民群众排忧解难。人民调解的目的是平息人民群众之间的纷争，增强人民内部团结，维护社会稳定。

（2）自治性。

人民调解是在人民调解委员会的主持下，由当事人平等协商解决自己矛盾纠纷的自治行为。人民调解化解矛盾纠纷的过程完全是群众自我教育、自我管理、自我服务，化解自己内部矛盾纠纷的过程。在这个过程中，人民群众可以选举调解员，也可以监督和撤换不称职的调解员，可以参与人民调解工作，也可以监督人民调解工作，是社会主义国家人民当家做主、行使管理社会事务民主权利的重要体现。调解程序的启动、人民调解员的选择、调解方式的选取、调解结果的认可、调解协议的制定完全基于双方的平等自愿，任何人不得强行调解，也不能妨碍当事人在调解不成时行使诉讼权利，调解不是诉讼的必经程序。人民调解运用说服教育、耐心疏导、民主讨论和协商的方法，在查明事实、分清是非的基础上，依法帮助当事人达成调解协议。

（3）民间性。

人民调解是诉讼程序之外定纷止争、促进和谐的手段，是不同于行政调解、司法调解的纠纷解决方式。人民调解委员会和人民调解员不代表任何政府部门，是与当事人无利益关系的第三方。人民调解委员会与基层人民政府及有关部门之间不是领导与被领导、管理与被管理的关系，基层人民政府和有关部门也不能直接介入或干涉人民调解活动。人民调解的工作方式是说服教育、规劝疏导、讨论协商，不使用任何行政或司法手段。

人民调解的本质特征使人民调解工作具备了灵活便捷的特点。人民调解工作在时间、地点、方式上因需制宜，不受约束，不拘形式。调解活动可以随时随地进行，调解人员可以是一个也可以是多个，可以指派也可以由当事人指定，调解工作的启动可以是受理，也可以主动介入。同时，调解工作不收费，成为人民调解工作深受人民群众欢迎的一大特色。

三、人民调解的价值和社会功能

（一）人民调解的意义和价值取向

1.《人民调解法》颁布实施的意义

（1）对完善人民调解制度、促进人民调解工作具有重要意义。

人民调解是一项具有中国特色的化解矛盾、消除纷争的非诉讼纠纷解决方式，被国际社会誉为"东方经验"。人民调解法在坚持人民调解本质属性、保持其特色与传统的基础上，全面总结和吸收了新中国成立以来特别是《人民调解委员会组织条例》实施以来人民调解工作的实践经验和理论成果，进一步完善了人民调解制度，提升了人民调解的法律地位，为新时期人民调解工作提供了有力的法制保障。

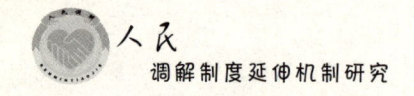

（2）对深入推进三项重点工作、维护社会和谐稳定具有重要意义。

深入推进社会矛盾化解、社会管理创新、公正廉洁执法三项重点工作，人民调解是基础。人民调解法贯彻"调解优先"原则，进一步强化了人民调解化解民间纠纷、维护社会稳定的职能，明确了人民调解化解社会矛盾的基础性作用，对于更好地发挥人民调解的特色和优势，深入推进三项重点工作、维护社会和谐稳定具有十分重要的作用。

（3）对进一步做好群众工作、密切党群干群关系具有重要意义。

人民调解植根群众、面向群众，方便群众、服务群众，本身就是群众工作的重要组成部分。人民调解法完善了人民调解制度、规范了人民调解活动，有利于做好新形势下的人民调解工作，为群众化解纠纷、排忧解难，把调解矛盾纠纷的过程变成做群众工作的过程，从而进一步密切党群干群关系。

2.人民调解的价值取向

（1）人民调解是现代社会自治的必然要求。

政治国家和市民社会的分离，公民权利意识的发展，客观上要求更多的自治措施来整合社会。人民调解作为一种群众自治性解决纠纷的制度，属于社会自治的范畴。人民调解制度的设置体现了国家法治与社会自治的正确关系：作为国家权力机器，法院不应当也不可能解决社会上的所有纠纷，其固有价值不过是解决纠纷的最后的、迫不得已的方式。事实上，诉讼自身也存在着诸多弊端，且由于心理上、经济上、环境上等诸多因素使人们对诉讼的利用存在诸多障碍。诉权利用的可能性越低，诉权被销蚀的可能性就越大，对权利的保护也就越困难。万般无奈走上法庭，一个诉讼下来，当事人双方往往累得精疲力竭，胜诉者有时甚至得不偿失。如果纠纷能够在庭外及时化解，那又何必劳精费神翻脸诉讼呢？理性的当事人除非万不得已不会动辄对簿公堂，纠纷双方对非诉讼解纷机制存在天然偏好。所以，对社会成员间的冲突，应当尽可能地由社会机制加以消解。人民调解制度只要不断完善，客观上将有极大的发展空间。

（2）人民调解是法治发展的促进力量。

当代法治社会中的调解，是包含"公正"与"功利"，"利己"与"共赢"两方面的"契约性合意"，它体现了人们对公正有了新的理解：正义不能简单的被等同于权利，等同于制定法或法院判决中宣告的权利，我们更应关注正义的现实性，关注正义实现的条件、正义的具体形式，获得正义的代价以及正义的主观体验等因素。法治化条件下的调解与对立性主张的充分讨论以及为此设立的程序、法律家的专业性活动是可以并立而存的。正是通过契约关系这一中介环节，调解与法治结合起来了。"如果仅仅就解决纠纷而言，当事人完全没有必要找法院，事实上最大量的纠纷是通过其他方式——行政的、调解的、仲裁的、自救的方式——解决的。只要其他机构或人与纠纷双方都没有亲疏关系，解决就未必不如法院公正。"[7]诉讼的爆炸不仅使法官身心疲惫，当事人也深受其害。如果法官为了维持裁判的质量而精斟细酌，案件处理必然迟延，当事人只能得到"迟来的正义"；如果法官为提升办案速度，办案质量必然有所下降，当事人只能得到"粗糙的正义。"在这种种情况下，当事人选择世世代代熟悉的调解来解决纠纷则可能是一种较好的方法。因此，人民调解非但不是法治的对立面，不会阻滞法治的发展、有损法治的精神，恰恰相反，人民调解具有法治的亲和性，它可以成为法治发展的促进力量。

（3）人民调解是利益实现的理性选择。

毋庸置疑，当代法治社会中的调解本质上是以合意为基础和核心的。所谓是否进行调解、如何进行调解以及是否接受调解的结果都依双方当事人的自愿选择而定。这是私法意思自治原则的体现。一般来说，民事主体在发生利害冲突时先选择成本较低、能平息主体对立情绪的非诉讼手段。只有在双方利益冲突的裂度较高、排解难度较大或冲突事实较复杂的情况

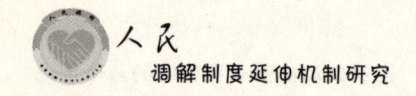

下，当事人才会诉诸昂贵、费时、正式的诉讼程序。如果能够以较小的投入得到较大的收益，在当事人看来无疑是最理想的。例如，当事人不需要花费昂贵的律师费用、取证费用，就可以得到满意的答案；而时间可能是法官与当事人共同节约的资源。

而事实上，所谓"妥协""让步"并不是无原则的，而应该是当事人对可得利益进行衡量之后的理性选择，是当事人从社会关系的维持角度出发以保护自己利益的一种策略，可以理解为一种"必要的牺牲"。一个理性行动者也许会选择将短期收益让给他人而存储具有更大价值的长期收益。因此，当理性行动被理论家观察到明显的利他行为时，他们都倾向于将这一行为视为一种持续的、互利的交换格局的组成部分。"对立却不能互相残杀、给予却不必牺牲自己——这也是我们所谓的文明世界中的各个阶层、各个国家和每个个人将来都应该懂得的道理。"[8]公正的调解达成的协议往往也能得到自觉的执行。调解人的作用旨在帮助当事人双方传达信息、沟通意见，发现共同点并进行一定程度的劝导说服，但这一切的前提必须是尊重当事人的意愿。既然调解的过程是一个双方协商并达成共识的过程，一般而言，合意的出现表明双方矛盾的化解或至少大大降低了其尖锐性，即便是作了很大的让步，当事人也通常是在权衡利弊之基础上作出的意思表示。因而，他们对调解往往采取积极的态度予以履行。诚如古罗马法谚云："调解(和解)为最适当之强制执行。"

调解的合意性，纠纷解决的彻底性、经济性等价值显然符合当事人和社会双重利益。所以说，从权利实现的成本和效率角度而言，"为权利而斗争"毋宁说"为权利而沟通"！

总之，具有中国特色的人民调解制度，作为社会综合治理的一种手段，作为非诉讼纠纷解决的一种民间机制，它所创造的那种相对于诉讼宽松、融洽、民主的氛围，重教化、重情理的定位，以及其特有的人际关系整合功能，无疑使当事人的裂痕容易修复，也符合国人千百年来"和为贵，冤家宜解不宜结"的观念传统，更有利于现代和谐社会的构建。它所蕴含的低成本、高效率解决纠纷，稳定社会的理念也极具制度价值，富有正义精神。

（二）人民调解的社会功能

人民调解制度是多元化矛盾纠纷化解的一项重要机制。在当前社会转型、社会矛盾凸显、社会管理创新的时代背景下，人民调解在化解社会矛盾、维护社会稳定、促进社会和谐方面，日益发挥着不可替代的重要作用。

1. 维护公平正义功能

作为现代法治的有机组成部分，人民调解制度在维护公平、正义方面，发挥着重要作用。人民调解充分尊重当事人双方的自由平等。当事人是否选择通过人民调解的方式解决纠纷完全由当事人自己决定。当事人双方在调解中的地位是完全平等的，当事人和调解人的地位也是平等的。当事人双方享有相同的权利和义务，调解人虽然处于调解纠纷的主导地位，但并无任何特权，不得居高临下压服当事人，不得态度粗暴侮辱当事人。[9]

2. 保持社会稳定功能

"与法律永相伴随的基本价值，便是社会秩序"，"必须先有社会秩序，才谈得上社会公平"。[10]人民调解制度为我们提供了一种可以使被破坏的社会秩序恢复和谐发展的纠纷解决机制。

纠纷解决是人民调解制度最为基本和重要的功能。作为一种具有平等、自愿、参与、自主选择和灵活便利经济的纠纷解决途径，人民调解在纠纷化解中永远具有不可替代的魅力。在人民调解员"动之以情，晓之以理"下，促成当事人之间互相让步，心甘情愿达成协议，这样解决的纠纷，不会伤害感情及现有的相互合作关系。

人民调解制度可以防止矛盾激化。人民法院在处理纠纷时，"不告不理"，始终处于被动地位。人民调解制度在解决纠纷时却没有这一限制，

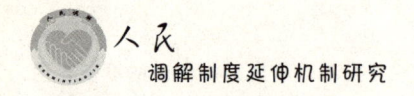

它不仅可以被动地受理当事人之间的纠纷，而且可以主动地排查各种纠纷。能在矛盾纠纷发生的萌芽阶段了解、接触矛盾，有利于及时化解各种小矛盾、小纠纷，避免矛盾的进一步激化和社会秩序被更大程度地破坏。

人民调解具有普法功能，利于良好社会秩序的形成。对纠纷和矛盾进行依法调解的过程，就是一个生动的法制教育过程，也是增强群众依法维护正当权益、自觉履行法定义务这样一个法律意识的过程。调解工作涉及的都是老百姓身边的人、身边的事，通过调解工作宣传法律、法规、规章和政策，教育公民遵纪守法，尊重社会公德，从而收到"调解一案，教育一片"的效果。

3. 节约资源成本功能

诉讼程序是高成本设计，诉讼的进行需要投入一系列的司法资源到一个诉讼中。人民调解制度，在成本效率价值方面，具有特别的优势。节约司法资源成本。司法机关为了使司法程序符合公正的要求，必须耗费必要的司法成本，并且随着程序公正性的增强，必然导致司法成本的耗费日益增大。如果老百姓因为一些不大的纠纷而诉讼，所需要的费用加起来，往往会超过所期望得到的经济利益，况且在中国这样一个泱泱大国，民间纠纷如果都涌到法院打官司的话，不仅会造成社会资源的极大浪费，而且势必会造成法院工作压力过大的后果。而人民调解制度恰恰相反，调解组织近在身边，调解形式不拘一格，田边地角都可以成为解决纠纷的场所，对社会来说，资源得到充分高效的利用，能够有效地实现法律效果与社会效果的统一。

节约当事人时间成本。根据民事诉讼法的规定，就正常而言，一个案件如果走完一审、二审，不算再审，起码需要近9个月的时间。反观人民调解，同样是实现社会正义的有效途径，其对当事人来说就具有就地性、程序简便性、即时快捷性、不必公开性等特点，人民调解委员会及时受理调解申请，有时主动上门调解，并且规定调解纠纷在一定期限内完成，一个案件少则一天半天,多则十天半个月,对比久拖不决、长年打官司而言,真是太简便了。

节约当事人经济成本。诉讼不仅需要大量的司法资源,而且需要当事人支付一定的费用。其费用既包括正常上交法院的诉讼费用,也包括聘请律师的昂贵费用,还包括反复前往审判地点的差旅费用,在目前司法环境和条件不尽如人意的情况下,许多人认为"打官司"就是"打关系",不可否认还有许多人需要支付和花费各种打点和请客送礼的各种隐性费用。许多人负气打官司,提出不惜一切代价,打赢官司,手持大把大把的钱,花在许多不必要的地方和不必要的人身上,最后赢了官司,丢了财产,把自己搞得倾家荡产。而人民调解,具有各种便利性,既可节约当事人的经济成本,也可节约时间成本。人民调解不收取任何费用,没有特别的入门条件和费用,对当事人来讲,几乎不需要付出什么成本,就可以把问题和矛盾化解掉。因此,它是最经济、最实用的矛盾处理和纠纷化解方式。

4. 促进社会和谐功能

和谐已成为当今社会的时代特征,人民调解的促进社会和谐功能也体现了其时代价值。人民调解制度的和谐功能,主要体现在以非对抗方式解决矛盾上。它强调的是"和解"而非"对抗",使纠纷的解决更人道、更科学、更有利于社会的发展,这也正是人民调解的主要特色。[1]由于人民调解以非对抗、相对和平的方式解决纠纷,在调解的过程中,双方不是像诉讼一样分成相互对立的原告、被告,而是在人民调解员的主持下,双方协商解决纠纷,减少双方当事人的对抗情绪,双方当事人之间没有正面冲突,增加和解机会,避免一方胜诉,一方败诉。而且由于人民调解协议是建立在双方达成合意的基础上,既解决了纠纷又不伤和气。人民调解在纠纷解决的过程中,不单以解决过去发生的纠纷为出发点,而是更注重纠纷前后的价值,更注重纠纷对和谐社会关系破坏的恢复,也即是纠纷解决后给社会带来的影响,努力使社会由不和谐恢复到和谐。反观以对抗为特征的诉讼,许多案件案结事不了,案件无法执行,纷纷走上上访或越级上访

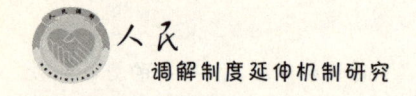

的道路,这种案例虽然只是少数,但影响极坏,有时甚至造成群体性事件。相对于诉讼而言,人民调解最具人际和谐性特质,最能体现中华民族"和为贵"的优良传统。

当前我国社会正处于转型时期,社会矛盾比较突出。如何化解这些人民内部矛盾,是对执政能力的一种考验。对社会矛盾的处理,过去多以行政手段和诉讼判决方式解决,但问题看似得到了解决,实际上很多时候是积累了矛盾,不利于问题的根本解决。处理社会矛盾,向重在治本、突出人性化转变是社会发展的趋势。

四、国内外相关制度的比较

(一)国外民事司法制度中引入ADR的情况

"ADR"(Alternative Dispute Resolution)可译为"替代性或选择性争议解决方式",它是指在法庭审理之外通过仲裁、调停等非诉讼形式,由第三人参加,自主解决纠纷的方法、机制的总称。一些西方国家为了避免和弥补诉讼本身的弊端和不足,从20世纪60年代开始,在寻求替代性争议解决办法方面进行了积极的探索并取得了长足的进步。西方国家的法学界和社会民众普遍认为法院诉讼程序烦琐、费用昂贵、时间太长,相反,ADR由于其本身所固有的经济性、便民性、简捷性而受到了各国政府和民众的高度评价,在社会管理实践中也产生了很好的成效。因此,他们把ADR引入民商事司法制度的范畴,并且以法律的形式予以肯定。ADR最早引起关注是在美国,而后盛行于欧洲国家和日本、韩国、澳大利亚等国,现已成为国际上现代法律制度发展的一大趋势。如挪威制定了《纠纷解决法》,规定诉讼外调解是诉讼的必经程序,经调解达成的协议可强制执行;瑞典95%的民事纠纷都是依靠调解手段(含诉讼外调解和诉讼调解)来解决;澳大利亚把推进调解等诉讼替代方式作为司法改革的重要内容之一,成立了"全国非诉讼调解理事会",协助政府制定政策，指导调解工作；美国制定了《ADR法》，鼓励各地成立民间调解组织，大力推行民间调解制度；日本颁布了《民事调解法》；欧盟正在研究制定适用于欧盟各国的《纠纷解决法》；就连一些发展中国家如菲律宾亦把调解作为初步的诉讼程序，民事纠纷必先经过调解，在调解不成功需要诉讼时，由调解组织出具证明，法院才受理。我国的香港特别行政区也设立了"调解顾问中心"作为社会纠纷解决的组织。联合国也正在起草倡导适用调解手段解决社会矛盾纠纷的法律文件。在ADR制度盛行的国家，人们把诉讼外调解组织称为"贫民法院"，而把调解员称为"贫民法官""布衣法官"。[12]

被世界公认为现代ADR最发达的国家是美国，其特点是"积极支持、直接介入"。在美国，ADR分为法院附设ADR（如法院附属仲裁、法院附属调解、早期中立评估等）和民间ADR（主要是民间调解和仲裁等）两种。据统计，美国人身伤害案件95%是通过调解方式解决的，95%的民事案件在审判前就通过各种ADR方式解决了，只有5%的案件真正进入审判程序。

1998年10月英国公布的《民事诉讼规则》，对ADR实践给予了有力支持。主要体现在：一是法院可以通过案件管理制度促使当事人采取ADR。新规则规定，法院在认为适当时，可以鼓励当事人采取替代性纠纷解决程序，协助当事人就案件实现全部或部分和解。当事人在提交案件分配调查表时可以书面请求法院中止诉讼程序，但法院也可以依职权中止诉讼程序，由当事人尝试通过ADR解决争议。二是法院可以通过诉讼费用杠杆促使当事人采取ADR。新规则规定，如果一方当事人在诉讼程序启动前提出和解要约的，法院在做出有关诉讼费用的命令时，应该考虑有关当事人提出的和解要约。另一方当事人接受要约或付款的，有权获得减免一定的诉讼费用；如果不接受对方的和解要约或付款，并且在其后的诉讼中没有取得比该要约或付款更好的结果的，应该补偿对方的任何诉讼费用以及附加利息。三是法院积极利用民间ADR资源。比如，法官在当

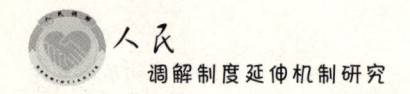

事人之间缺乏有关协议时可以命令民间的 ADR 机构任命调解员。四是将法律援助经费扩大至适用于 ADR 程序。1998 年 10 月，英国法律援助委员会下属的诉讼费用与上诉委员会作出决定，确认在计算报酬时应该把作为接受法律援助当事人之代理人的律师为参加调解而花费的时间计算在内。目前，法律援助经费同样可以适用于包括调解在内的 ADR 方法。五是创设调解协议书的确认制度。经调解达成的调解协议，当事人向法院申请确认的，法院将根据调解协议内容制作"确认令"，确认令具有强制执行效力。

（二）我国人民调解制度与国外民事司法制度中 ADR 机制之比较

我国的人民调解制度具有三个特点：一是以最经济、最便捷的方式把大量民间纠纷就地化解在萌芽状态，维护了正常的生产、生活秩序，并为群众节省了大量的人力、物力。二是以法律、政策和社会公德为依据，坚持依法调解与思想教育相结合，在调解的过程中注重宣传政策法规和社会公德，有利于提高人民的法制观念和道德水平。三是及时化解了矛盾纠纷，使矛盾纠纷的当事人之间达成互相谅解，增进了人民群众的团结和睦，增加了公民直接参与司法的民主因素。

我国的人民调解制度与国外民事司法改革中所设立的 ADR 机制在本质上是相同的，都是在法院裁判之外为民事纠纷当事人提供的替代性纠纷解决方法，但在具体的实施运作上，仍然有很大的不同。具体表现在以下四个方面。

（1）实施机构不同。根据《人民调解法》，我国的人民调解委员会是村民委员会、居民委员会和企业事业单位根据需要依法设立的调解民间纠纷的群众性组织。该法第十四条规定，人民调解员应当由公道正派、热心人民调解工作，并具有一定文化水平、政策水平和法律知识的成年公民担任。国外 ADR 机制中的 ADR 提供者即调解人员是得到纠纷当事人双方认可的专业组织或人士，如专家协会、ADR 集团和争议公平解决中心。两相

第一章 人民调解制度延伸机制的基础理论

比较，其素质不可同日而语。

（2）指导方式不同。在我国，司法行政机关对调解工作的指导主要表现在对调解人员的选拔培训、调解组织建设和业务指导；人民法院对当事人反悔的调解协议进行审查或者对调解员进行培训和指导。国外法院对ADR机制运作的指导则主要表现在对调解协议进行审查，并试图通过经济杠杆包括法律援助经费和诉讼费促使当事人自觉地采取ADR方式。

（3）必要程度不同。人民调解与国外ADR机制同样都不属于诉讼前的必经程序。但不同的是，如在英国，如果一方当事人提出调解而另一方拒绝或经调解达成协议后一方反悔，拒绝或反悔的一方在法院裁判时所负担的诉讼费用比例将会很高。

（4）法律效力不同。经人民调解委员会调解达成的，有民事权利、义务内容，并由双方当事人签字或者盖章的调解协议，具有民事合同性质。而在国外ADR机制中，当事人双方达成的调解协议，一方拒不履行时，另一方当事人即可向法院申请强制执行。

通过上述比较，我们不难发现，我国的人民调解工作虽然取得了巨大的成就，但必须承认，人民调解制度目前还存在较多问题，至少包括：①原有人民调解的法律保障、工作范围、组织形式、调解程序、工作方法、队伍素质等已经不能完全适应社会发展的需要；②人民调解等纠纷解决方式受到法治、司法中心观念的排斥和抑制；③人民调解协议的性质和效力长期以来没有得到法律的明确，导致人民调解缺乏权威，效力微弱；④调解组织不健全，国家有关部门特别是政府和司法机关，对人民调解的制度支持力度不够，对人民调解委员会工作的指导和监督也没有落到实处；⑤人民调解员的素质不高，工作的积极性也不足；⑥人民调解的工作过程和方法本身存在许多缺陷，如难以保持中立，迁就封建习俗，迁就势大力强者，调解方法简单生硬，以罚代调，越权处罚，对罪与非罪、违法与合法的界限不清，过分强调"折中"等；⑦人民调解立法滞后，调解程序明显具有随意性，调解工作不够规范。我国的人民调解制度与法治国

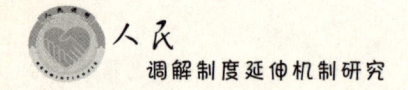

家的 ADR 制度相比较，无论从人民调解的法律地位、法律效力、政府资助、与法院诉讼的衔接到调解人员素质和制度规定等方面，都还是存在差距的，需要进一步改进和加强。

（三）人民调解与仲裁和信访

1. 人民调解与仲裁

仲裁，又称公断，是指纠纷双方在纠纷发生前或发生后达成协议，自愿将纠纷交给第三者作出裁决的一种纠纷解决机制。早期的仲裁一般在民间进行，具有纯粹的民间性和纠纷主体的自治性，类似于现在的调解，它作为一种法律制度始于中世纪，至19世纪末20世纪初随着商品经济和国际经济贸易的发展，逐渐普及于整个世界，形成了现代意义上的仲裁。现代仲裁并未由于国家公权力和法律因素的渗入而丧失民间性和自治性，它依然具有此类特征，同时也区别于早期的仲裁具有司法性的特征，但其民间性、纠纷主体的意思自治性是相对的，不同于现代调解所具有的纯粹的民间性和意思自治性。而且现代仲裁中的第三者是作为社团组织的仲裁机构，区别于早期仲裁中个人可以作为第三者。

（1）适用范围。

二者虽然同为民事纠纷的解决机制，但适用范围不同，并非每一类民事纠纷均可无差别的选择适用其中任何一种。仲裁作为一种带有民间性和司法性的特殊的社会救济方式，根据《中华人民共和国仲裁法》（以下简称《仲裁法》）第二条规定，"平等主体的公民、法人和其他组织之间发生的合同纠纷和其他财产权益纠纷，可以仲裁"，并通过列举和概括的方式对涉及婚姻、收养、监护、抚养、继承关系的纠纷和依法应当由行政机关处理的行政争议排除了其适用。由此可见，仲裁的适用范围主要在因财产关系而产生的纠纷领域，对因人身关系产生的民事纠纷则不能适用。而调解作为一种纯粹的民间性质的纠纷解决机制，并没有相应的法律规范对其适用范围加以规定，但从我国目前存在的调解机构和实践来看，调解的适用范围是比较宽泛的，不仅适用于因财产关系而产生的纠纷，而且还适用于因人身关系产生的纠纷，如普遍存在于基层的人民调解委员会，可以对其所属范围内发生的如婚姻、收养、抚养、继承等纠纷进行调解，但对这些纠纷进行的调解是受其绝对的民间性和自治性制约的。调解的适用范围要比仲裁范围宽，可以和诉讼类比。

（2）居间第三者。

从二者对民事纠纷的解决方式来看，都是通过居间第三者来进行的，但对第三者的要求和规定却不尽相同。对于调解来说，其居间第三者可以是专门的调解机构，如中国国际商会调解中心、人民调解委员会等，但并无法律法规对其特定性加以规定限制，也可以是除这些专门调解机构之外的其他第三者，而该第三者一般由双方当事人共同选定，第三者一般都具有高洁的人品、较强的能力和较高的社会威望，能得到双方的共同信任。仲裁中的第三者在现代仲裁制度中为专门的仲裁机构，如中国国际经贸仲裁委员会等，此类机构为永久性的，也可以是临时性的，但不论是何种形式，均不是国家机关，而是民间组织，其成员即仲裁员，是纠纷主体选定或约定的专家，非国家工作人员，对仲裁员资格的认定也是十分严格的。仲裁调解中，居间第三者也是仲裁机构，并由仲裁庭主持。

（3）解决机制问题。

即两者在解决民事纠纷过程中，采用何种方式对纠纷中的权利义务加以确认的问题。由于调解、仲裁两种方式的特征和居间第三者的不同，导致了二者在解决机制上的差异的存在。在调解中，由于作为居间第三者纯粹的民间性和双方当事人绝对的意思自治性，致使纠纷的解决只能建立在纠纷主体绝对合意基础上，第三者在调解过程中非以强制力而是以沟通、诱导、协调等方式促成当事人解决纠纷，仅起着促进、引导、协调的作用，对纠纷最终能否彻底解决起不到决定性作用。对于仲裁来说，它具有相对的民间性、相对的意思自治性和司法性的特征，而且作为第三者的仲

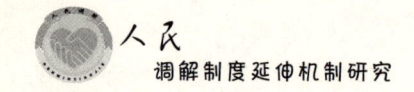

裁机构是非国家机关的民间组织,因此,通过仲裁方式来解决民事纠纷,当事人享有充分的自治性,包括仲裁机构的选定、仲裁员的选定、有关审理方式和开庭形式等程序事项,而且在一定情形下,还可选仲裁所依从的实体法律规范和程序性规范等。仲裁机构和仲裁员无权以国家的强制力来解决纠纷,需以双方的合意为基础,但仲裁作为一种"准司法"形式的纠纷解决机制,仲裁裁决的作出,并不以双方达成合意为必要条件,仲裁机构有权根据纠纷事实适用法律或公平正义原则作出裁决。仲裁调解虽然发生于仲裁过程中,但它作为一种调解形式具有调解的部分特征,也应以当事人的完全合意为基础。

(4)法律适用问题。

法律适用在内容上包括程序法的适用和实体法的适用。对于调解,从其特性来说,具有非严格的规范性,与仲裁相比,调解并非依据严格的程序规范和实体规范进行,具有很大程度上的随意性,也就是说,调解的步骤、结果常常会随纠纷主体的意志而变动和确定,第三者为了公平起见或基于有利于解决纠纷的考虑,常常依据正当的社会规范来协调双方的利益冲突,所以,在调解过程中并不必然适用法律,只是比照相关的程序法规范和实体法规范而进行。仲裁具有民间性和自治性的特征,但与调解相比,这两个特征只是相对的,即相对的民间性和相对的意思自治性,由此就决定了仲裁的另一个特征即司法权性。在仲裁过程中,不能完全排除适用纠纷主体选定或法律规定的仲裁程序法和实体法,尤其是不得排除适用强行法(包括禁止性规范和效力性规范)。而且,由于仲裁的民间性,无权实施强制措施,仲裁过程中的证据保全、财产保全和仲裁裁决的执行等事项,必须依据《仲裁法》和《民事诉讼法》的相关规定而进行。由此可见,在法律适用上,仲裁要比调解严格。

(5)法律后果。

法律后果指二者对纠纷的解决结果是否具有法律效力的问题。《人民调解法》第三十一条规定:"经人民调解委员会调解达成的调解协议,具有法律约束力,当事人应当按照约定履行。"由此可以知道,由于调解所具有的纯粹的民间性和自治性,以及法律适用上的非严格性,导致了最终双方达成的调解结果即调解协议并不具有法律上的拘束力,也无强制执行力,其履行主要依靠当事人的自觉遵守和道义力量,作为纠纷主体双方的当事人在不愿履行调解协议的情况下,则可以不受约束的恣意反悔。仲裁作为一种国家法律承认的纠纷解决机制,具有核心的司法权性,仲裁裁决具有法律约束力,裁决书自作出之日起产生法律效力,而且根据我国《仲裁法》第六十二条"当事人应当履行裁决,一方当事人不履行的,另一方当事人可以依照民事诉讼法的有关规定向人民法院申请执行。受申请的人民法院应当执行"之规定,可以看出作为仲裁结果的仲裁裁决具有强制执行力。而对仲裁调解,依我国《仲裁法》第五十一条如果"调解达成协议的,仲裁庭应当制作调解书或根据协议的结果制作裁决书,调解书与裁决书具有同等的法律效力"和第五十二条"调解书经双方当事人签收后,即发生法律效力"之规定,可以看出,仲裁调解与独立调解不同,其调解结果具有法律上的拘束力。

(6)救济措施。

救济措施是当纠纷解决结果作出之后,如一方当事人反悔或不服,应当采取何种措施进行补救的问题。对于调解,由于其调解结果对纠纷主体不具有拘束力,所以我国《人民调解法》第三十二条规定:"经人民调解委员会调解达成调解协议后,当事人之间就调解协议的履行或者调解协议的内容发生争议的,一方当事人可以向人民法院提起诉讼。"而对于仲裁,根据我国《仲裁法》第九条"仲裁实行一裁终局的制度。裁决作出后,当事人就同一纠纷再申请仲裁或者向人民法院起诉的,仲裁委员会或者人民法院不予受理"之规定,可以看出,对于仲裁裁决,当事人只有无条件接受,并且没有任何救济措施,除非仲裁裁决被人民法院依法裁定撤销或者不予执行,当事人才能就该纠纷根据双方重新达成的仲裁协议申请仲裁或向人民法院提起诉讼。由此可见,除非有《仲裁法》第五十八条规定的几种情况发生，否则，裁决是终局性的，没有任何救济措施。而《仲裁法》第五十二条"在调解书签收前当事人反悔的，仲裁庭应当及时作出裁决"之规定，也对仲裁调解给予了相应的救济措施。

（7）管辖原则。

调解和仲裁中的管辖原则对调解机构和仲裁机构的管辖权没有作级别和地域上的限制。根据我国《仲裁法》第六条"仲裁委员会应由当事人协议选定。仲裁不实行级别管辖和地域管辖"之规定，可以看出，在仲裁机构对纠纷的管辖上，以当事人对仲裁机构的共同选定为前提，而在当事人对仲裁机构的选择上，则享有绝对的自主权，也就是说，仲裁机构对纠纷的管辖权是由纠纷主体通过仲裁协议而授予的。独立调解中的调解机构同仲裁机构一样，无任何级别和地域的管辖限制，但对于人民调解委员会，由于其内设于村民委员会和居民委员会，虽然并未对其管辖范围作出明文规定，但从其机构设置来看，它应该实行的是地域管辖原则。

综上所述，我们可以看出，二者各具特征，在民事纠纷的解决中发挥各自的作用，利弊互补，纠纷主体可以依据自身利益的需要选择相应的纠纷解决机制。调解体现出纠纷主体自我解决纠纷的社会整合能力，避免因纠纷而引发过大的社会震荡，而且因其合意性，非严格的规范性，较诉讼更为简便迅捷，更有利于纠纷的彻底解决和预防。而仲裁则比调解具有更高的权威性，并且其公正性和彻底性更受到制度上的保障，纠纷主体拥有高度意思自治和充分的程序主体权，且程序简便，方式灵活，仲裁成本低，更多地体现了法的效益价值。而诉讼则依据其严格的规范性和国家强制力在最大程度上维护了纠纷双方的平等，保障和实现了纠纷主体的权利，从而使纠纷能够得到最终解决，体现了法的公平价值。由于近年来，经济社会的发展、人们法律意识的增强、社会关系的进一步复杂化，造成大量诉讼的出现，使诉讼不堪重负，严重影响了诉讼的公正性和效率性，而诉讼以外的纠纷解决机制，由于简便、迅速又价格低廉，成为人们解决纠纷的重要选择，而调解和仲裁就是其典型。

2. 人民调解与信访

《信访条例》第二条规定："本条例所称信访，是指公民、法人或者其他组织采用书信、电子邮件、传真、电话、走访等形式，向各级人民政府、县级以上人民政府工作部门反映情况，提出建议、意见或者投诉请求，依法由有关行政机关处理的活动。"

（1）人民调解与信访的相同之处。

人民调解与信访，分别属于基层群众自治活动和行政救济途径，具有不同的工作领域与性质，当两者同时作为有中国特色的纠纷解决机制，又有其共性。

第一，人民调解与信访是相同时代和传统下的产物。

人民调解和信访都是中国共产党在革命时期所创造的具有中国特色的法律制度。当代中国信访制度的最早萌芽应该出现在20世纪三四十年代的陕甘宁边区，新中国成立之后成为正式制度。早在1931年，在江西瑞金成立的中华苏维埃共和国临时中央政府的办公机关内，就曾挂设了"来访接待室"的牌子。红军长征到达延安后，毛泽东亲自处理了一些群众和士兵来信、来访问题。[13]人民调解和信访是同样传统下的产物，两者都受到中国社会——一个乡土性的社会的传统影响。"乡土社会主要指的是人民离不开土地而谋生，在中国乡土小区的单位是村落，可从三家村起到几千户的大村，其人口的成长主要是依附着土地而增加，一代传一代，不会有太大的变动。乡土社会的生活是有地方性的，其地方性指的是他们活动范围有地域上的限制，在不同区域间接触少，生活隔离，各自保持着孤立的社会圈子，于是造就了生于斯、死于斯的社会，常态的生活是终老于乡，不与外接触。因此传统的中国社会是一个'熟悉'的社会，没有陌生人的社会。"[14]"在以乡土社会为基础的国度内，即使有国家政权、有法

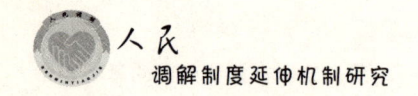

律，但由于地域、地理以及人力和财力的限制，国家的权力实际上无法全面深入到社会之中；'国'既无法提供有效的法律服务，也无法全面地干预和控制社会，因此出现了'天高皇帝远'的现象，乡土社会本身仍然是欠缺法律意识的社会，故已内化成人格性质的'礼俗'便替代法律成为维持社会秩序的主要控制机制。"[15]在传统"儒家"讲求"仁"及"礼"的文化影响下，中国自古便有"官贵民贱""下不能犯上""民不与官斗"的封建传统思想，老百姓"耻讼""厌讼"的观念非常浓厚，在礼俗的教化及社会的压力下，诉讼常被认为是丑陋的一面，去诉讼的人常被认为是教化不够，且对于诉讼人来说诉讼也是一种失面子、会被耻笑的行为，所以人们常会回避诉讼而求调解来解决纠纷，这就形成了人民调解和信访的土壤。

人民调解和信访都是中国本土的替代性纠纷解决机制。在现代社会，人们认为解决纠纷的最重要和最权威的途径是司法诉讼。然而，由于诉讼本身也存在着弊端以及社会纠纷的多样性和主体需求的差异性，诉讼不可能也不应该垄断所有的纠纷解决。因此，在世界各国都发展出来了一些替代诉讼的纠纷解决机制（ADR），用来解决一些特定的问题，比如，家庭矛盾、商业纠纷等社会问题，这些机制包括谈判、调解、仲裁等。[16]替代性纠纷解决方式的产生和发展"与该国纠纷解决社会主体的需求、传统，以及诉讼制度的状况及代替性纠纷解决方式自身的功能等多方面因素息息相关"。[17]在中国当前特定的政法传统和社会现实条件下，在现行有效的一系列替代性纠纷解决机制中就有人民调解和信访这样两个特别的项目，它们是中国本土性的一种纠纷解决机制。

第二，人民调解和信访是在中国共产党政法传统下形成的一种特殊的权力运作机制和社会治理机制。

2007年中共中央、国务院颁发了《关于进一步加强新时期信访工作的意见》，指出要充分认识信访工作在构建社会主义和谐社会中的重要作用，进一步强化做好新时期信访工作的政治责任。美国学者陆思礼在对中国的人民调解进行研究时指出了中国调解制度所承担的"有时超越纠纷解决的不可识别的功能。首先,有助于传达和适用意识形态原则、价值观和共产党的规划,有助于动员中国人民更加信奉党的政策和目标。其次,它有助于压制而不是解决个人间的纠纷;而至少在某种程度上而言,'纠纷',被认为是不受欢迎的,扰乱建设强大的社会主义中国的社会冲突。最后,它是国家和党实施其控制手段的补充"。[18]人民调解和信访都表现为对政治的依赖性。

第三,人民调解和信访程序都具有一定的便利性。

为了维护社会秩序,国家设立了多种纠纷解决制度和程序,最典型的就是司法程序,而人民调解和信访在解决纠纷过程中并不通过法定的司法程序,人民调解解决纠纷的程序通常是相对简单和随意的。人民调解在处理纠纷时主要关注的是如何在国家实体法律规范的导向下解决好纠纷,而不是如何在严格遵守法律程序的基础上去解决纠纷。而信访也是同样,"与按照程序运作的司法救济相比,信访救济的另一个显著特征就是它的非程序性。这并不意味着信访救济的运作完全没有规则,而是说其运作没有明确的、稳定的、普遍主义的规则,而是另有一套模糊的、变动的、特殊主义的'潜规则'。这种'潜规则'不是由某一方预先制定的,而是由有关各方在推拉伸缩的实践中形成的"。[19]程序公正是公力救济的正当性基础,对于某些大量的非典型纠纷以及不适于进行审判或者根本不要求进行审判的纠纷来说,如果诉诸能够体现程序价值的公力救济,那么,就要付出很大的代价,因为,这些纠纷本身只要求进行简易和灵活的处理。相比之下,对于这些类型的纠纷,人民调解和信访具有程序的便利性和处理的灵活性,调解组织近在当事人身边,调解形式不拘一格。也正是由于信访和人民调解的程序便利性使相关当事人能够积极参与到涉及本人的纠纷解决过程而无须顾及法律程序中的诉讼当事人资格问题,纠纷解决方式和场所更加灵活、便利,从而使当事人之间的对立容易在融洽的至少是非对抗性的气氛中得到化解。因此,程序便利的人民调解和信访是公民参与纠

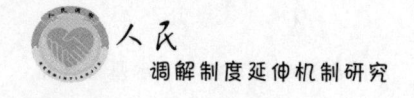

纷解决活动的一种重要形式。

（2）人民调解和信访的不同之处。

第一，人民调解的双方合意与信访的单方强制。

合意本位与强制本位是区别人民调解和信访的关键，以合意为本位是人民调解发挥效用的最根本条件，是其作为民间机制的首要特征。即在调解方式的启动和纠纷处理的结果这两个方面都要取得当事人的一致同意，否则就失去了调解的价值。虽然无强制力容易造成有些当事人的反悔而致使纠纷得不到最后的解决，使人民调解纠纷解决功能产生某种"先天不足"，但这依附于合意来解决纠纷恰恰是人民调解的特有功能。而在信访的过程中，只要有一方当事人的请求就可以开展信访，即使对方当事人不同意也不影响信访的启动，同样，信访的最终处理结果即使没有获得双方当事人的合意也具有最终的强制力。

第二，人民调解的情节本位与信访的规则本位。

人民调解在解决纠纷时重视纠纷的情节，即如何灵活、便利和迅速地解决好纠纷，而不只是强调恪守法律规则，其所适用的规则除了法律规范和原则外，还可以各种社会规范为依据，如公共道德、地方风俗和行业标准等。在调解过程中，法律条文的规定并不重要，重要的是依据纠纷的情节把纠纷处理好、解决好，这是衡量调解成功与否的标准。而在信访的过程中，信访机构更关注信访事项是否合法，尽管信访机构有一定的自由裁量权，但是在解决纠纷时还是要严格适用法律条文，现代法治的核心是规则的统治。2007年中共中央、国务院颁发的《关于进一步加强新时期信访工作的意见》强调要坚持依法按政策解决问题、切实维护群众合法权益，所以说信访是以规则为本位的。

第三，人民调解的民间性质与信访的官方性质。

人民调解属于国家正式法律制度中的纠纷解决机制，是一种非中心化的社会控制模式，人民调解机制中的纠纷解决权是国家赋予的，即国家通过立法形式赋予人民调解组织及其成员以调解的权力。因此，人民调解中的社会力量与民间自发调解相比有更大的权威性，这种权威性也许并不是来自纠纷主体对调解人员由于血缘、辈分以及学识等因素而产生的尊重，而是来自国家权威对个人纠纷解决行为上的延伸。而"信访是一种以法律和国家为中心的社会控制模式，甚至在涉法信访中直接由党和国家干涉法院的运作"。[20]所以，解决纠纷的途径是依靠社会力量还是必须依靠带有强制力的国家力量是人民调解与信访的又一关键性区别。

第四，人民调解的主动性与信访的被动性。

人民调解的生命力在于它对纠纷解决的主动介入，即调解与预防相结合，在做好纠纷调解工作的同时，积极地预防纠纷的发生及激化，及时关注尚未形成纠纷的异常现象，则能够防止纠纷的发生，把潜在纠纷消灭在萌芽状态。相比之下，信访对纠纷解决的启动则是被动的，依据现有的制度，信访部门对已经发生的纠纷不能给予主动的救济，而只能是在纠纷已经发生后当事人就信访事项找到信访部门，信访部门才能介入。

（四）人民调解、司法调解和行政调解的比较

我国的调解制度主要有诉讼内调解和诉讼外调解两大类。诉讼内调解特指司法调解，诉讼外调解主要包括人民调解和行政调解。

司法调解亦称诉讼调解，是我国民事诉讼法规定的一项重要的诉讼制度，是当事人双方在人民法院法官的主持下，通过处分自己的权益来解决纠纷的一种重要方式。司法调解以当事人之间私权冲突为基础，以当事人一方的诉讼请求为依据，以司法审判权的介入和审查为特征，以当事人处分自己的权益为内容，实际上是公权力主导下对私权利的一种处分和让与。

行政调解是国家行政机关处理行政纠纷的一种方法。国家行政机关根据法律规定，对属于国家行政机关职权管辖范围内的行政纠纷，通过耐心的说服教育，使纠纷的双方当事人互相谅解，在平等协商的基础上达成一

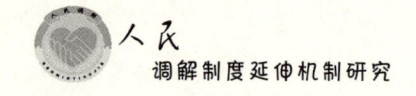

致协议，从而合理地、彻底地解决纠纷矛盾。

人民调解又称诉讼外调解，是指在人民调解委员会主持下，以国家法律、法规、规章和社会公德规范为依据，对民间纠纷双方当事人进行调解、劝说，促使他们互相谅解、平等协商，自愿达成协议，消除纷争的活动。

三种调解制度都是通过第三者的调停说和来解决当事人之间的争议或纠纷的一种活动；适用的原则基本上都是"自愿原则""合法原则""查明事实、分清责任原则"；调解的内容均不得违反国家有关政策和法律。但是，三种调解制度之间也有所区别。

（1）调解机构性质不同。行使人民调解职能的机关是人民调解委员会，它是基层群众自我管理、自我教育、自我服务的民主自治组织。司法调解是由国家审判机关即人民法院来行使。行政调解是国家行政机关、企业事业单位的行政领导及其工作人员，对其管辖范围内或所属单位的成员之间，或者所属成员与其他单位成员之间发生的纠纷进行调解，调解机构具有行政管理职能。

（2）调解的性质不同。人民调解是不具有诉讼性质的诉讼外民间调解，是一种群众性自治行为。司法调解是一种司法行为。行政调解是一种行政管理行为。

（3）调解权的来源和性质不同。人民调解委员会主持调解是基层群众直接授予的民主自治权利，调解人员代表的是人民调解委员会，它与被调解人员之间是群众与群众自治组织之间的民主平等关系。人民法院主持调解，是国家赋予人民法院审判权的一种表现形式，调解人员代表人民法院，依法与被调解人员发生诉讼法律关系。而行政调解是行政机关行使行政权的一种表现形式，是国家赋予的职能。

（4）调解的范围不同。人民调解委员会调解的是公民与公民之间的民间纠纷。人民法院调解所有符合法院受案条件的民事纠纷以及刑事自诉案件。行政调解既可以调解公民与公民之间的纠纷，也可以调解公民与法人、法人与法人之间的民事、经济等纠纷。

（5）调解协议的效力不同。人民调解达成的协议是一种群众自治组织调解民间纠纷结果的记录和一般文书，不是法律文书，没有强制执行的效力。人民法院调解达成的协议和制作的调解书，是国家审判机关行使审判权的司法文书，调解书一经送达当事人，立即发生法律效力，与法院制作的判决书具有同等法律效力，是法院强制执行的根据。行政调解协议具有行政上的强制力，某些行政调解协议生效后即具有法律效力，当事人如逾期不履行协议，行政调解机关可以采取行政手段强制履行，权利人可以把具有法律效力的协议作为申请人民法院强制执行的根据。

（五）人民调解与诉讼

诉讼，是指由特定的国家机关，在纠纷主体的参加下，以国家公权力解决社会纠纷的一种机制。

（1）二者虽然同为民事纠纷的解决机制，但各有其不同的法律适用。诉讼作为国家公权力救济的形式，根据我国《民事诉讼法》第三条规定"人民法院受理公民之间、法人之间、其他组织之间以及他们相互之间因财产关系和人身关系提起的民事诉讼，适用本法的规定"，对其适用范围作出了规定，诉讼适用于任何一类民事纠纷，无论是因财产关系还是因人身关系而产生。诉讼具有最为严格的法律适用规定。而调解作为一种纯粹的民间性质的纠纷解决机制，并没有相应的法律规范对其适用范围加以规定，但从我国目前存在的调解机构和实践来看，调解的适用范围也是比较宽泛的。

（2）从对民事纠纷的解决方式来看，都是通过居间第三者来进行的，但对第三者的要求和规定却不尽相同。对于调解来说，其居间第三者是人民调解委员会。而如果要通过诉讼形式解决纠纷，居间第三者只能是作为国家司法机关的国家各级人民法院。

（3）解决机制问题。在调解中，由于作为居间第三者纯粹的民间性和双方当事人绝对的意思自治性，致使纠纷的解决只能建立在纠纷主体绝对合意基础上，第三者在调解过程中非以强制力而是以沟通、诱导、协调等方式促成当事人解决纠纷，仅起着促进、引导、协调的作用，对纠纷最终能否彻底解决起不到决定性作用。而在诉讼中，人民法院作为国家的审判机关，凭借国家审判权来确定纠纷主体之间的民事权利义务关系及民事法律责任的承担，又以国家强制执行权迫使纠纷主体履行生效的民事判决、裁定等，其对民事纠纷的解决与否起着决定性作用，而不必依赖于双方当事人的合意。

（4）法律后果。对于调解，由于其所具有的纯粹的民间性和自治性，以及法律适用上的非严格性，导致了最终双方达成的调解结果即调解协议并不具有法律上的拘束力，也无强制执行力，其履行主要依靠当事人的自觉遵守和道义力量，作为纠纷主体双方的当事人在不愿履行调解协议的情况下，则可以不受约束地恣意反悔。对于诉讼，由于作为第三者的人民法院的特殊身份和国家审判权的行使，其所产生的结果无论是民事判决还是民事裁定，都具有法律上的约束力。

（5）管辖原则。在调解法中，对人民调解委员会的管辖权没有作级别和地域上的限制。对于诉讼，我国《民事诉讼法》则根据案件的性质、简繁程度、影响范围和案件的发生地等情况，实行级别管辖和地域管辖相结合的管辖原则。

综上所述，我们可以看出，首先，二者各具特征，在民事纠纷的解决中发挥各自的作用，利弊互补，纠纷主体可以依据自身利益的需要选择相应的纠纷解决机制。调解体现出纠纷主体自我解决纠纷的社会整合能力，避免因纠纷而引发过大的社会震荡，而且因其合意性、非严格的规范性，较诉讼更为简便迅捷，更有利于纠纷的彻底解决和预防。而诉讼则依据其严格的规范性和国家强制力在最大程度上维护了纠纷双方的平等，保障和实现了纠纷主体的权利，从而使纠纷能够得到最终解决，体现了法的公平价值。其次，二者在现代社会中平等发挥各自的作用，并不因在诉讼中国家审判权的行使和其所具有的国家强制力而高贵，也不因调解具有民间性而显卑微，相反，由于近年来，经济社会的发展、人们法律意识的增强、社会关系的进一步复杂化，造成大量诉讼的出现，使诉讼不堪重负，严重影响了诉讼的公正性和效率性，而诉讼以外的纠纷解决机制，由于简便、迅速又价格低廉，成为人们解决纠纷的重要选择，而调解就是其典型。

五、人民调解的原则

《人民调解法》规定人民调解工作应当遵循三项原则：一是在当事人自愿、平等的基础上进行调解。二是不违背法律、法规和国家政策。三是尊重当事人的权利，不得因调解而阻止当事人依法通过仲裁、行政、司法等途径维护自己的权利。

（一）当事人自愿、平等原则

自愿、平等原则是人民调解的基础。在调解纠纷中，当事人对是否接受调解、选择哪位调解员调解、采用何种调解方案、如何达成调解协议等都具有充分的自主权，可以接受调解员的建议，也可以另行提出要求，当事人有一方拒绝调解的，调解员不得调解。当事人有充分表达自己意见和主张的权利，调解员不得强行要求达成调解协议。调解员通过劝说疏导进行调解，不得使用任何有违当事人意愿的方法。在调解纠纷中，当事人双方无论是公民还是法人或是其他组织，都是平等的民事主体，地位完全平等。如果纠纷涉及他人权利与公权力的争议，不列入人民调解的范围。人民调解员在调解纠纷过程中是与纠纷当事人没有利害关系的"第三方"。在调解纠纷的过程中，当事人与当事人之间，地位是平等的，享受权利、履行义务也是平等的，任何人没有特权。

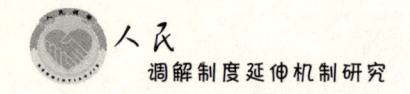

(二)不违背法律法规政策原则

这一原则规定了人民调解的依据。人民调解员的选任和人民调解委员会的设置必须依法进行。人民调解活动首先是依据法律规章,其次是在不违背法律规章的前提下,依照社会公德、村规民约、公序良俗、行业惯例进行。达成协议的内容不得违反法律规章,不得侵害公共利益和第三方权益。

(三)尊重当事人权利原则

这一原则的重点在于,当调解不成时应尊重当事人依法通过仲裁、行政、司法等途径维护自身权益的权利。调解、仲裁、行政、司法等途径都是当事人维护自身合法权益的有效途径,选择哪种途径维护自身利益是当事人的权利。当事人拒绝调解、调解不成功或达成协议后反悔的,都可以另行选择其他合法途径解决矛盾纠纷,人民调解员也有义务告知当事人可以选择其他合法途径。人民调解员可以引导但绝对不得阻挠、干涉当事人行使权利。同时,人民调解活动还要充分尊重和保护当事人的其他各项权利:选择人民调解员,接受、拒绝或终止调解;公开或不公开调解;当事人意见自主等。人民调解员应积极维护群众利益,公正公平调解。

第二章 人民调解制度延伸机制的实践研究
——以北京市西城区人民调解员协会为实例

一、人民调解工作室

西城区司法局与西城区人民法院经过认真调研后，于2007年在全市范围内率先在法院立案大厅联合设立了独立于诉讼外的诉前调解形式——西城区人民调解工作室，直接调解"打到法院门口"的纠纷，意在打造一条切实为当事人提供新型解决纠纷的途径。西城区人民调解工作室成立8年来[21]，在接访数量、涉及问题和处理方法上，均与基层人民调解委员会的工作状态有所不同，不仅接访量大、涉及范围广，更因为工作中需要"纠纷调解"与"诉讼指导"并举，使其更具有向"专业化调解"趋向发展的特点。

西城区人民调解工作室设在西城区人民法院的立案大厅中，由区司法局直接领导，由区人民调解员协会暨区人民调解委员会派驻人民调解员，由人民法院安排辅助工作人员，每周一至周五全天开展民间纠纷的接访与调解工作。

二、人民调解工作室接访案件的类型

根据对西城区人民调解员协会近5年来接访的10632例民间纠纷情况

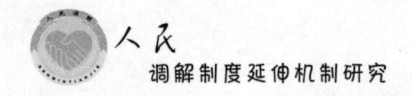

进行抽样调查，显示出当前民间纠纷有以下五大方面的问题需要注意。

(一)民间纠纷中,民事纠纷占98%

根据从10632例中抽调的600例统计数据显示：在接访的民间纠纷中，涉及民事纠纷的比例占98%，涉及行政纠纷的仅占2%；鲜有涉及刑事方面的来访，可忽略为零（见图2.1）。

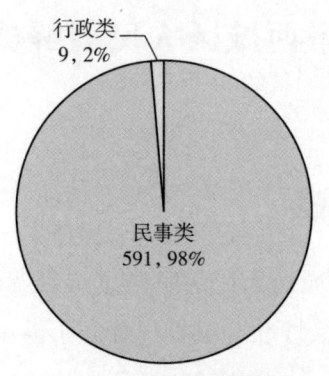

行政类
9, 2%

民事类
591, 98%

图2.1　接访纠纷抽样的类别

这说明，在当前民间纠纷当事人心目中，对"人民调解"工作所能涉及的纠纷，基本上均理解为"民事纠纷"范畴。这与人民调解的立法本意基本相吻合。

(二)民事纠纷的特点

1.十六大类纠纷

根据西城区人民调解员协会的月报统计：2009年至2013年，人民调解工作室共接访的各类民间纠纷10632例中，涉及民间纠纷十六大类（见表2.1）。

表2.1 人民调解工作室接访民间纠纷的类别 单位：例

类型\年份	房屋纠纷	遗产继承	婚姻纠纷	相邻纠纷	劳务纠纷	债务纠纷	财产赔偿	合同纠纷	交通肇事	家务纠纷	行政纠纷	人身伤害	抚养纠纷	医患纠纷	赡养纠纷	其他纠纷
2009年	461	99	177	101	108	109	69	40	43	59	48	48	20	27	23	76
2010年	587	200	299	229	217	157	111	81	78	82	52	52	50	34	33	128
2011年	706	273	295	345	202	161	136	103	94	35	71	71	51	43	20	121
2012年	591	301	230	160	86	96	94	80	56	48	46	46	45	19	16	118
2013年	505	401	271	124	95	78	102	74	39	64	38	38	34	13	18	81
总计	2850	1274	1272	959	708	601	512	378	310	288	255	255	200	136	110	524

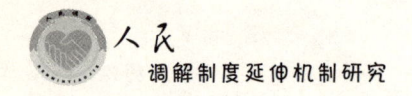

2. 排名前5位的纠纷情况

根据西城区人民调解员协会的月报统计：接访的纠纷按十六大类排序，排在前5位的分别是房屋纠纷约占27%（2850例）、继承纠纷约占12%（1274例）、婚姻纠纷约占12%（1272例）、相邻纠纷约占9%（959例）、劳动劳务纠纷约占7%（708例）（见图2.2）。

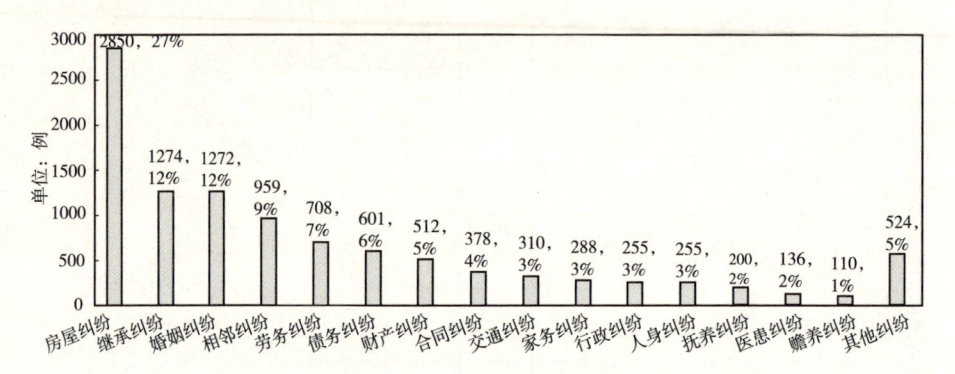

图2.2　2009年至2013年接访民间纠纷情况分布图

（1）房屋纠纷。

根据西城区人民调解员协会的月报统计：2009年至2013年人民调解工作室接访涉房纠纷2850例，年均接访570例，是接访纠纷中占比例最高的纠纷，达到了27%，接近1/3（见图2.3）。

图2.3　2009年至2013年接访2850件涉房屋纠纷情况

根据对其中 2850 例涉房纠纷抽样调查显示：涉房纠纷中，因"继承"引发的纠纷是首要原因，比例达到了 46%；其次是占 20% 的"离婚"引发的房屋纠纷，二者之和占了 2/3；而后依次为房屋拆迁纠纷（占 13%）、房屋使用纠纷（占 11%）、房屋租赁纠纷（占 9%）、房屋买卖纠纷（占 5%）、房屋权属纠纷（占 5%）等（见图 2.4）。

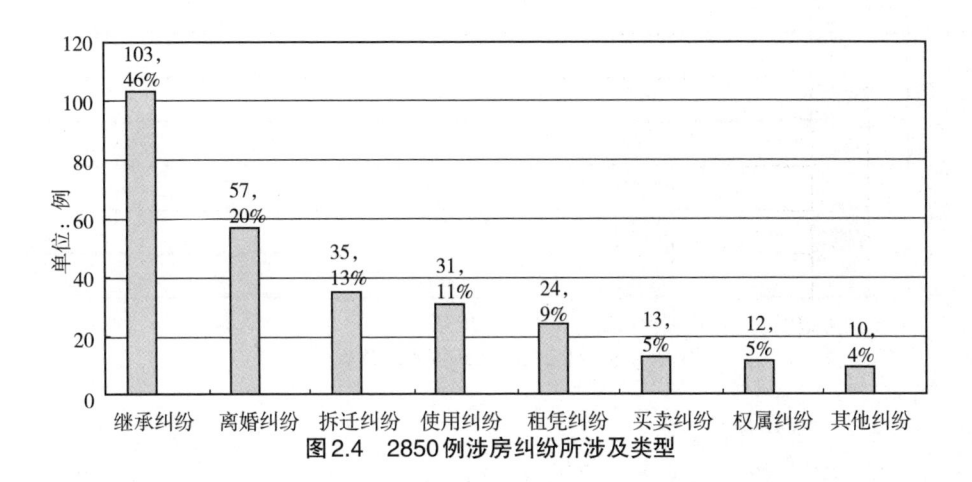

图 2.4　2850 例涉房纠纷所涉及类型

这说明家庭成员关系的变迁（死亡与离异）是引发当前涉房纠纷的主要原因，且经济条件多属不富足者，而房屋作为具有较高价值的固定资产，显然成为人们关注的焦点。

（2）继承纠纷。

根据西城区人民调解员协会的月报统计：2009 年至 2013 年人民调解工作室接访继承纠纷 1274 例，年均接访 255 例（见图 2.5）。

通过对抽取的 125 例继承纠纷进行分析，因继承形式不同，纠纷的表现形式也是各异。但是纵观所有继承纠纷案件，"法定继承"纠纷没有任何悬念地高居首位，占 73%；用"遗嘱"方式处理身后事的仅占 21%（注：司法实践中，在有遗嘱的诉讼中，还有些遗嘱会因各种原因被判定无效，从而使遗嘱继承最终又转变成法定继承）。这反映出现代家庭中的老年人对身后事的处理方式上，尚留诸多遗憾。因为他们大多或没有勇气，或没有先见，或心存疑虑，或受制于各种家庭内外问题困扰，或因缺乏对相关法律规定的准确理解……甚至有不少老年人，人虽然在世，但已

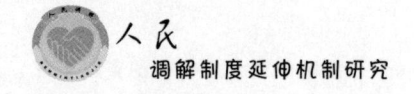

无力左右自己的任何事物。

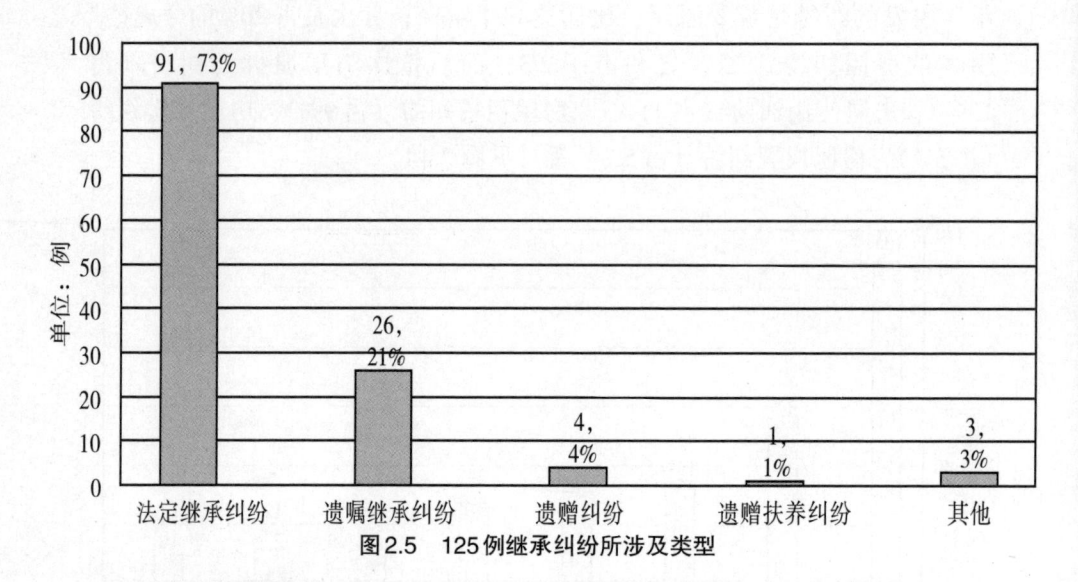

图2.5　125例继承纠纷所涉及类型

(3) 婚姻纠纷。

婚姻家庭纠纷也是在当前民事纠纷中始终高居不下、总体呈逐年走高趋势的纠纷。2009年至2013年5年间，西城区人民调解员协会共受理的10632件民事纠纷中涉及婚姻家庭的纠纷（包括继承、离婚、扶养、抚养、赡养、家务等纠纷）共计3144例，平均每年受理629例（见图2.6）。

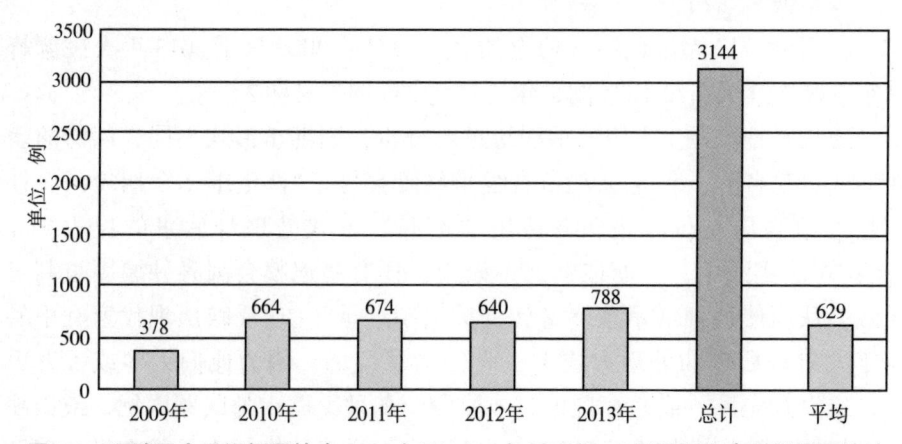

图2.6　西城区人民调解员协会2009年至2013年受理3144例婚姻家庭纠纷情况统计

根据抽样调查显示：在325例发生在家庭成员间的纠纷中，财产继承纠纷占39%。（注：因继承纠纷亦发生在家庭成员之间，故在此项统计中将其纳入了涉及婚姻家庭的一种纠纷形式），与离婚纠纷（占34%）均超过了1/3。其次依次为：房屋使用纠纷（占9%），房屋拆迁纠纷（占7%），房屋权属纠纷（占4%），抚养纠纷（占4%），赡养纠纷（占3%），其他家务纠纷（占2%）（见图2.7）。

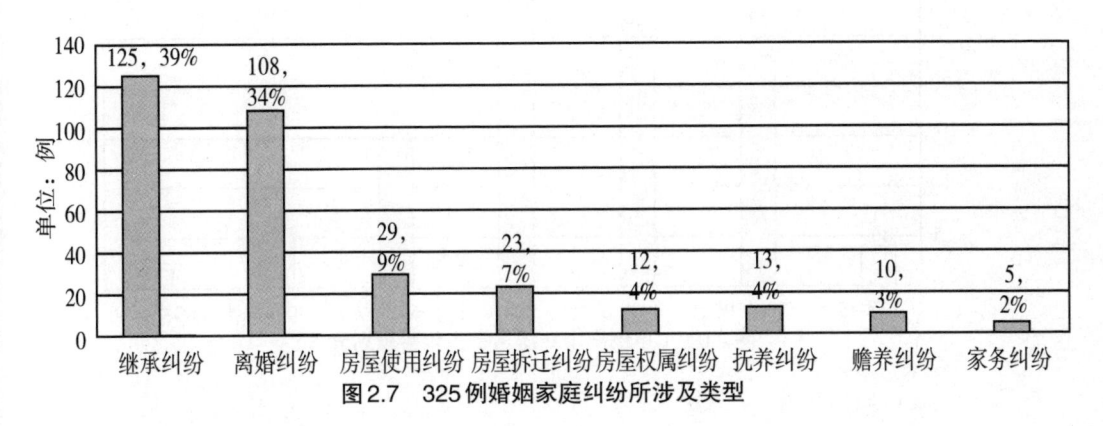

图2.7 325例婚姻家庭纠纷所涉及类型

根据抽样调查显示：在108例离婚纠纷中，涉及产权房争议的纠纷超过了40%，外遇问题在离婚纠纷中超过了10%（见图2.8）。

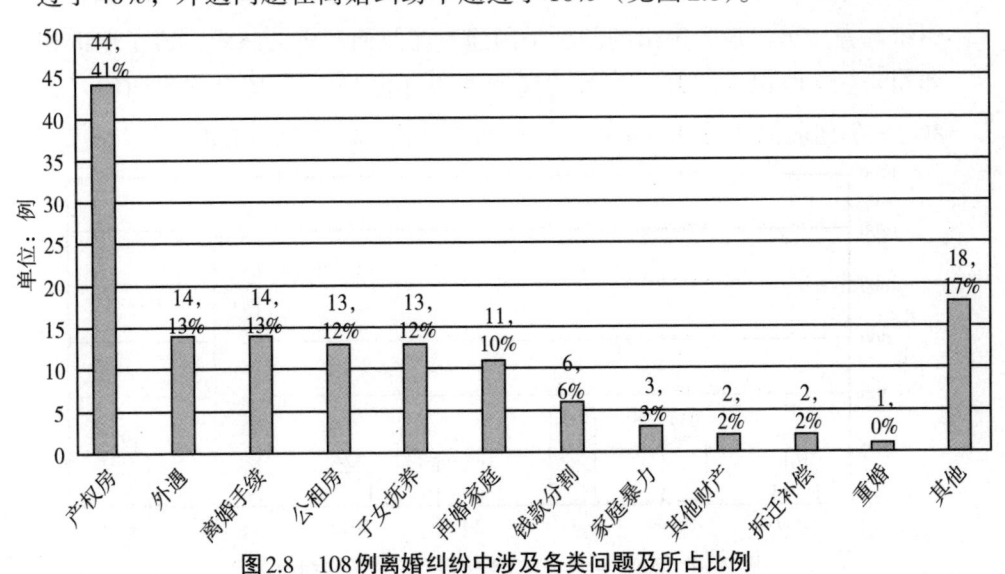

图2.8 108例离婚纠纷中涉及各类问题及所占比例

根据抽样调查显示：在108例离婚纠纷中，31—59岁的中、青年人离婚的纠纷比例合计为76%，60岁以上的老年人离婚比例达到了21%（见图2.9）。

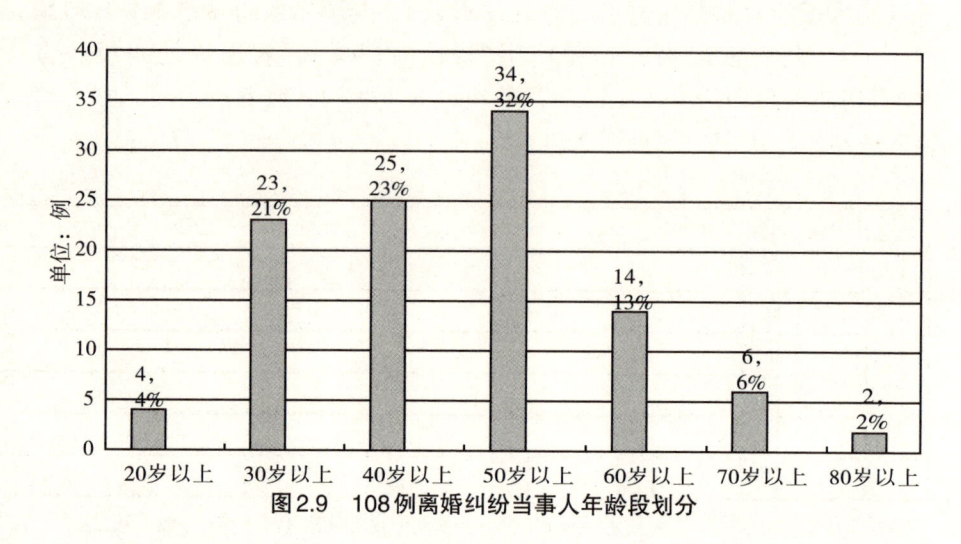

图2.9 108例离婚纠纷当事人年龄段划分

（4）相邻纠纷。

抽样调查显示：在591例民事纠纷中，有53例相邻纠纷，是当前民事纠纷中排位第三的纠纷，占全部民事纠纷的近1/10。据对抽调的53例相邻纠纷调查显示：最为突出的问题是因违章建筑而产生的纠纷，占了全部相邻纠纷的70%以上。其次是公共场所纠纷（占12%）、楼上漏水纠纷（占8%）、邻居养鸽纠纷（占4%）、噪声纠纷（占2%）（见图2.10、图2.11）。

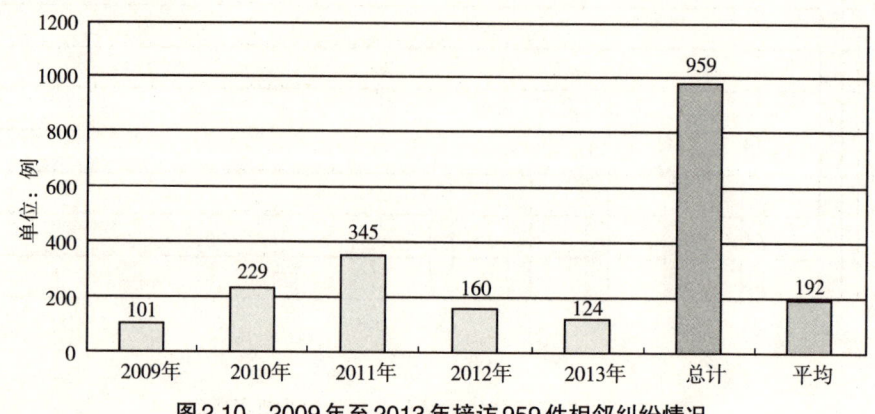

图2.10 2009年至2013年接访959件相邻纠纷情况

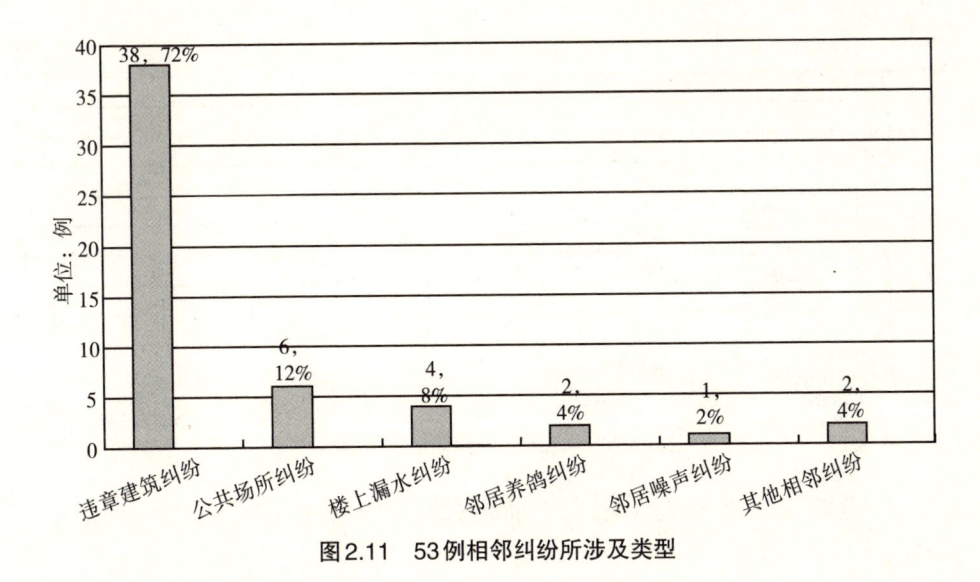

第二章 人民调解制度延伸机制的实践研究

图2.11 53例相邻纠纷所涉及类型

（数据：违章建筑纠纷 38, 72%；公共场所纠纷 6, 12%；楼上漏水纠纷 4, 8%；邻居养鸽纠纷 2, 4%；邻居噪声纠纷 1, 2%；其他相邻纠纷 2, 4%；单位：例）

需要注意的是：相邻纠纷也属于调解难度相当大的纠纷，多数纠纷时间长、年代久、双方积怨较深，其中超过半数的纠纷最终都采取了诉讼方式。

（5）劳动与劳务纠纷。

据抽样调查显示：在591例民事纠纷中，如果从合同关系的角度划分，有146例合同纠纷，是当前仅次于婚姻家庭纠纷之后的第二大类纠纷，占全部纠纷的25%。

通过对其中146例合同纠纷的进一步分析显示：最需要引起重视的当属劳动与劳务合同纠纷，前者所占比例为31%，后者所占比例为5%，仅此二者之和，即占了全部合同纠纷的1/3强（见图2.12）。在这两类纠纷中，所涉争议均多是报酬纠纷，其次为工伤纠纷。

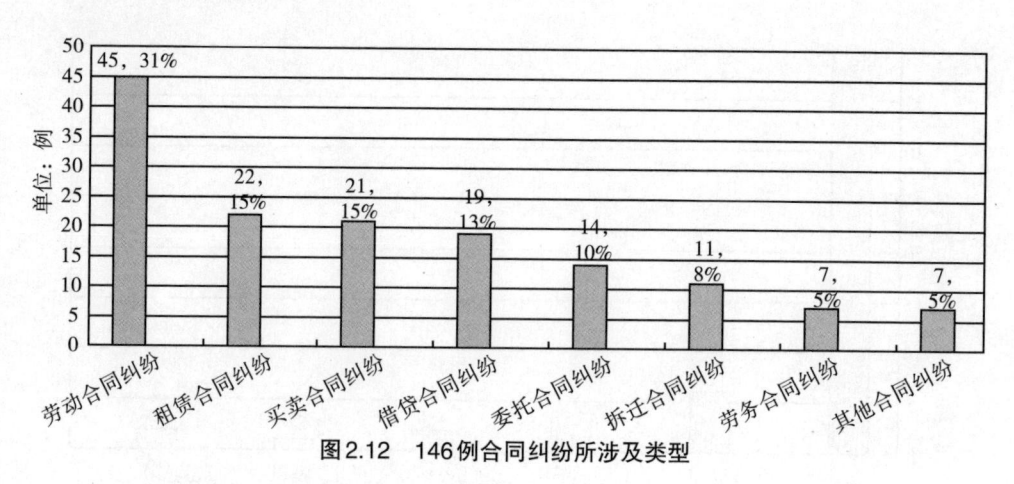

图2.12 146例合同纠纷所涉及类型

这说明企业在用人、用工方面仍存在较多的不规范且缺少信用的问题。

另外值得重视的是：有关劳动、劳务纠纷的调解难度较大。5年来协会对这两类纠纷实施的调解仅20余起，不足一半，成功率亦较低，多数只能引导当事人另行采取仲裁或诉讼方式解决。但是这类纠纷，最易引发矛盾激化，特别是欠付农民工资的问题，必须要引起各级政府、各级调解委员会的高度重视。

3. 继承纠纷持续上升

根据西城区人民调解员协会的月报统计：5年中，各类纠纷的发生均有涨落，但以2009年较为凸显，致使各类纠纷在5年中多以"品"字形呈现（见图2.13）。

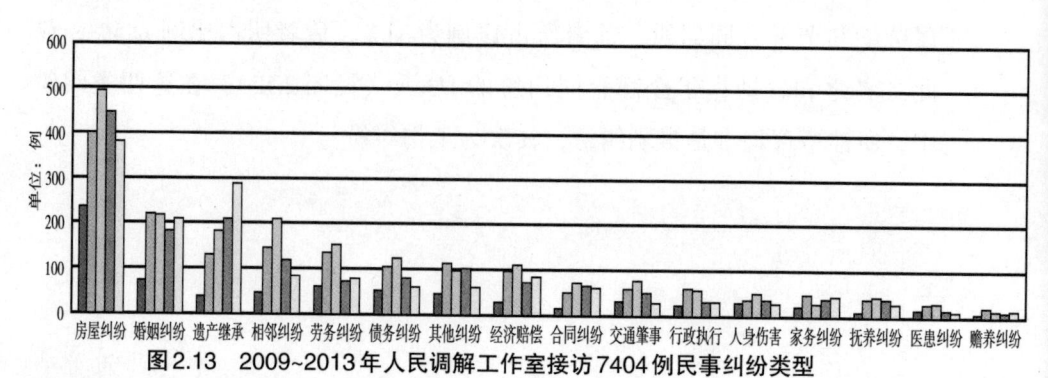

图2.13 2009~2013年人民调解工作室接访7404例民事纠纷类型

但其中唯有"遗产继承"纠纷呈逐年上升趋势（见图2.14）。

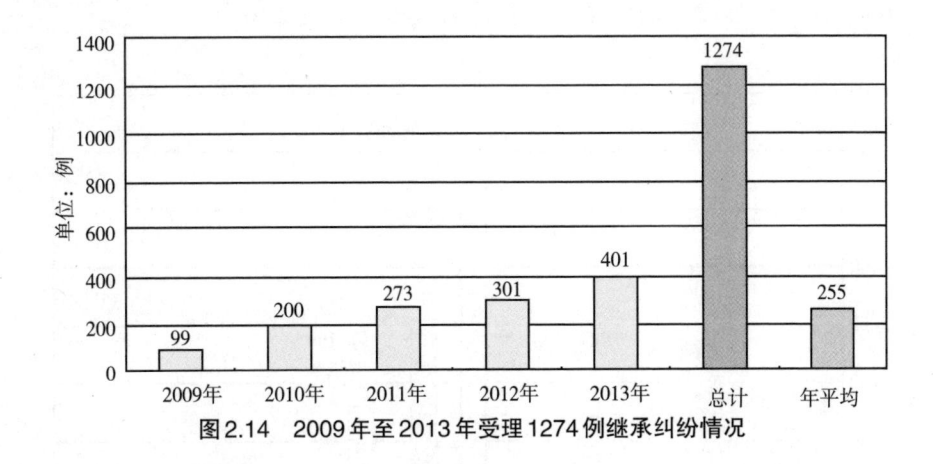

图2.14　2009年至2013年受理1274例继承纠纷情况

（三）来访人员构成呈三大群体特点

对来访人员的构成进行分析，意在了解易发民间纠纷的群体所在，并据此为调整人民调解工作面对不同群体的工作策略与方向提供参考。当前来访人员中呈现三大群体特点：

1.以中年女性为众

根据对600例纠纷来访当事人的情况调查显示：当前民事纠纷群体中，女性来访者明显高于男性来访者（见图2.15）。

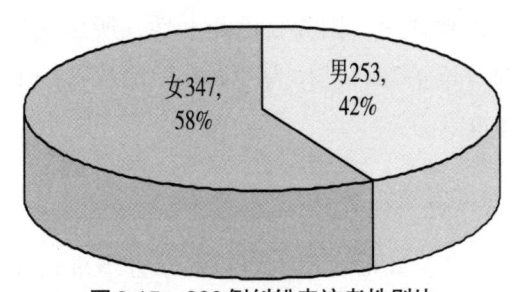

图2.15　600例纠纷来访者性别比

数据同时显示：无论在哪个年龄段，女性均多于男性，尤其是40岁至60岁这一年龄段（即中年）的女性为最多（见图2.16）。

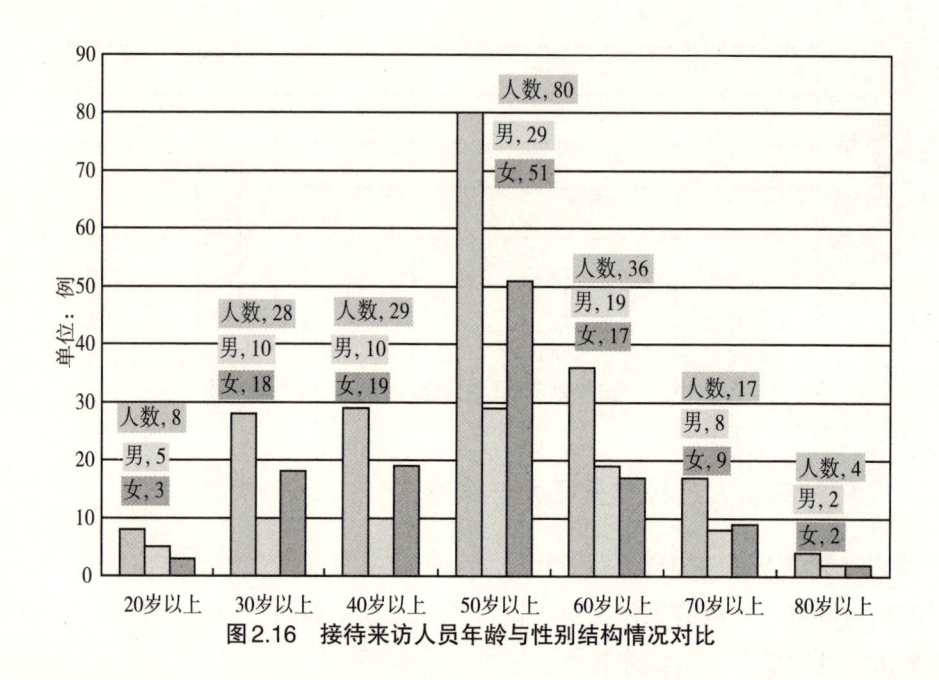

图2.16 接待来访人员年龄与性别结构情况对比

这说明，女性在社会生活中，无论是对内的家庭矛盾，还是对外的社会矛盾，对涉及自身权益的问题的敏感度与关注度明显高于男性，对"身边事"最为敏感。

但抽调同时显示：有不少女性，对"维护妇女权益"的问题有较大的认识误区，甚至错误地认为，因为自己是女性，所以凡是涉及自己权益的问题就都纳入了要"维护"自己作为"妇女"的权益的范畴。这在某种程度上加大了调解难度。

2.家庭内部成员间发生纠纷的比例过半数

600例纠纷抽样调查显示：发生纠纷的双方当事人间的关系上，属于家庭内部成员之间发生纠纷的数量与非家庭成员间的纠纷数量相比高出了

10个百分点，分别占55%（329例）和45%（271例）（见图2.17）。

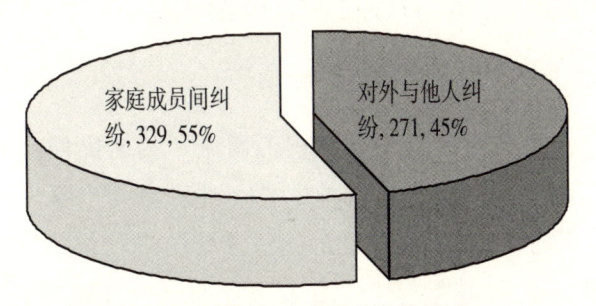

图2.17　600例纠纷中当事人彼此关系

这说明，现代家庭中，亲属间的亲情关系应当引起社会各界的警觉。亲情作为有血缘关系的人之间存在的特殊感情，本是维系家庭和睦相处的重要基础。但在实践中不难发现：在相当的因亲情缺失而导致的婚姻家庭纠纷中，存在于亲属间的"心理失衡"不能不说是一个重要原因。目前这类纠纷形势，正在挑战着我们的道德底线。

通过进一步统计分析，家庭成员间发生纠纷的，属兄弟姐妹之间的矛盾发生比例最高，达到了37%；而紧随其后的是夫妻矛盾，达到35%；第三是父母子女间的矛盾，占21%；其他亲属包括祖孙、公婆、叔侄、舅甥、姑嫂、妯娌等之间，纠纷所占比例达到了22%（见图2.18）。

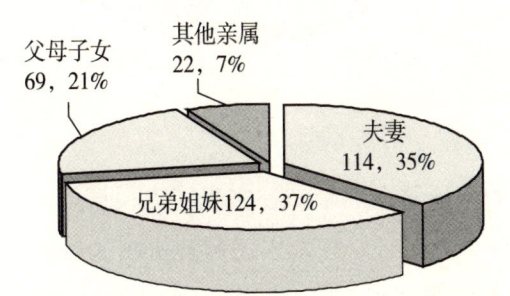

图2.18　329例婚姻家庭纠纷中涉及家庭成员关系

如果说兄弟姐妹关系是传统家族关系重要的亲情纽带，夫妻关系则是

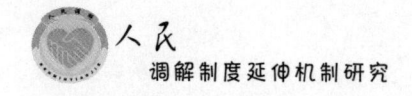

个体家庭中的亲情支柱,这两类亲属间的矛盾,无论是从"纵向"上看还是从"横向"向看,均直接冲击着我国传统家庭和睦与否的根基。

3.来访人员中本区居民过八成

此外,人民调解工作室,不仅为西城区的居民群众提供了大量的法律咨询与调解工作,也为来自外区县、外省市的当事人提供了帮助。根据600例抽调统计,在10632例的接待来访与进行纠纷调解工作中,本区来访者、外区县来访者、外省市来访者的比例分别为79:19:2(见图2.19)。

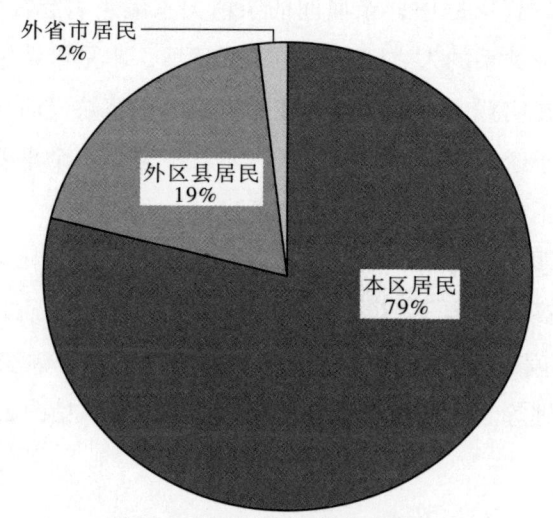

图2.19 接访人员区域分布情况

这说明:

(1)占80%的本区群众的来访,实现了人民调解室要切实为本区居民提供有效的法律咨询与服务、完善人民调解机制的目标。

(2)西城区人民调解工作室,虽然冠名"西城区",但是在调解员的心里,人民调解并无区域划分,因为缓和、化解民间纠纷是全社会的共同心愿。因此在实际工作中,调解员们并不将工作范围局限于为本区的居民提供服务，面对许多慕名而来的外区县、外省市的当事人的来访，调解员们依然热情相待。

从图2.20中可以看到占将近20%的外区县及外省市的来访，证明人民调解工作室的影响已经波及西城区外，作为全市甚至全国的首家区级人民调解员协会，的确产生了良好的社会效应与影响。

案例

因为与一家房地产中介公司发生了不愉快，经人指点，外地来京的付先生抱着试试的心理第一次来到了西城区人民法院，知道这里有一个能够免费帮助解决纠纷的人民调解工作室。

要说事情并不复杂。付先生通过一家较有名气的房屋中介公司承租了一间楼房，租期为一年，月租金为2100元，押一付三；合同中约定允许作为乙方的付先生可以因故提前退租，只需提前一个月通知中介公司即可解除租赁。四个月后付先生恰有变故，需要退租，中介公司却称押金与多付的租金要等到房子再租出去后才能退，空闲期间的费用仍要付先生承担。付先生在京人生地不熟，面对蛮横的中介公司，他束手无策，迫切希望有人能予相助，但他不想打官司，因为不会打，也请不起律师。

对于这家房屋中介公司，不仅因其规模较大，还因多有纠纷常见诸媒体，因此调解员对其并不陌生。看着满脸愁容的付先生，调解员既没有因为事小，更没有因为付先生非本地居民而拒绝调解，依然热情接待了他，而且马上与中介公司的负责人取得了电话联系。对方在电话中仍然辩解，称因为还没找到新的房客，所以只能让付先生承担提前退租造成房屋空闲期间的损失。对于这种无理的辩解，调解员据理力争：既然合同中允许付先生提前退租，那么，你们找不到新的房客，是你们自己的事情，与付先生无关；要付先生支付空闲期的费用，既无合同约定，更无法律依据，希望你们最好是协商解决，否则打起官司只能对你们的

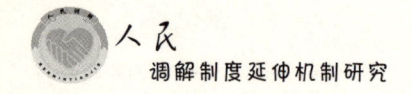

声誉造成影响。调解员的这番话,让对方哑口无言,只得同意调解解决。在调解员的交涉与监督下,中介公司如数退还付先生的所余款项。付先生对调解员的工作效率与工作水平给予了高度评价:北京的人民调解员,水平就是不一般啊!

据统计,5年来,在西城区人民调解工作室接访人员中,来自外区县的当事人所占比例达到了17%,来自外省市的当事人所占比例达到了3%,其影响力可见一斑。

三、人民调解工作室的工作

(一)人民调解工作室的月均接访工作量

西城区人民调解工作室成立8年来,在接访数量(见图2.20)、涉及问题和处理方法上,均与基层人民调解委员会的工作状态有所不同,不仅接访量大、涉及范围广,更因为工作中需要"纠纷调解"与"诉讼指导"并举,使其更具有向"专业化调解"趋向发展的特点。

图2.20 西城区人民调解工作室2009~2013年接访量

根据西城区人民调解员协会的月报统计:人民调解工作室接访量约占同期西城区人民法院(北区)民事第一审判庭和民事第二审判庭受理的民事诉讼案件数量(2009年10994例;2010年11164例;2011年11676例;

2012年10648例；2013年9023例，总计53505例）的20%。

（二）人民调解工作室的接访纠纷之调解率

根据西城区人民调解员协会的月报统计：在人民调解工作室总计接访的10632例民间纠纷中，经过人民调解员的努力，有7293例纠纷经过了不同程度的调解，调解率达到了69%，调解成功率达到了93%；占24%（2608例）的纠纷在人民调解员的指导下进入了诉讼；另有占7%（779例）的纠纷因其各种原因，被人民调解员妥善做了分流处理（见表2.2）。

表2.2 接访纠纷的调解情况

年度	总数/例	调解数/例	调解率	调解成功数/例	调解成功率
2009年	1508	1329	88%	1241	93%
2010年	2438	2002	84%	1972	99%
2011年	2390	1603	59%	1484	93%
2012年	2032	1202	59%	1064	89%
2013年	1975	1157	59%	1007	87%
合计	10632	7293	69%	6768	93%

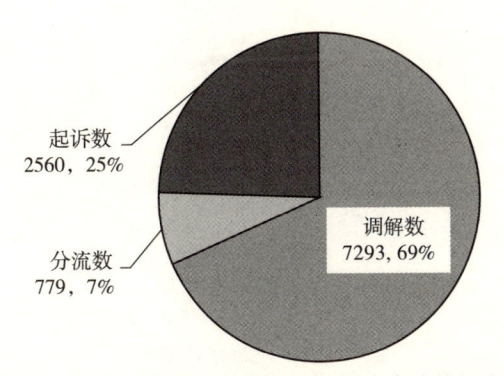

图2.21 2009~2013年接待10632例次来访效果分析

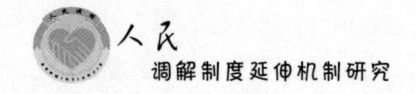

人民调解工作室常驻的6名工作人员，均是有着多年基层法律工作经验的老同志。在这10632例的民间纠纷中，通过他们的努力，凭借着丰富的法律知识和灵活的调解方法，使其中约2/3（7293例，占69%）的纠纷得到了平息或缓解；有7%（779例）的纠纷，由于不属人民调解工作或人民法院受案范畴，经过调解员的释明与疏导，被转到相应的部门处理；另有24%（2608例）的纠纷，经过调解员的释明与引导，进入了诉讼程序。

从某种意义上说，人民调解员协会的工作不仅分流了社区人民调解委员会的压力，还极大地缓解了区人民法院立案庭的工作压力。在这方面，充分体现了人民调解员协会集法律咨询服务与人民调解于一体的特点。

另外，在7293例经过人民调解员协会进行过调解的纠纷中，人民调解员通过耐心的释法析理和有理有节的说服教育，其中有6768例纠纷的调解取得了成效，成功率达到了92.8%（见图2.22）。这主要体现在：无论是一方当事人来访（实践中这种情况居多数），还是征得对方同意后双方当事人来访，人民调解员均能对其所述纠纷，通过细致梳理，找出症结所在，再将情、理、法融通其中，从而使大多数当事人能够心悦诚服地表示接受调解意见或建议，实现了矛盾的化解或缓解。

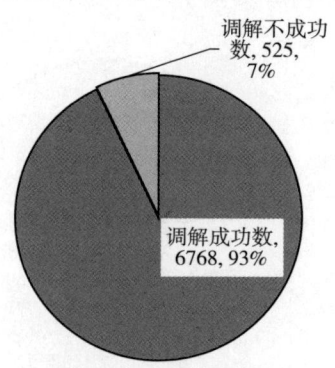

图2.22 调解结果情况

(三)人民调解工作室接访诉前、诉中与诉后纠纷之比例

根据对600例抽调数据的统计:在人民调解工作室接访的民间纠纷中,有76%属于"诉讼前来访",另分别有6%和18%的来访属于"诉讼中来访"和"诉讼后来访"(见图2.23)。

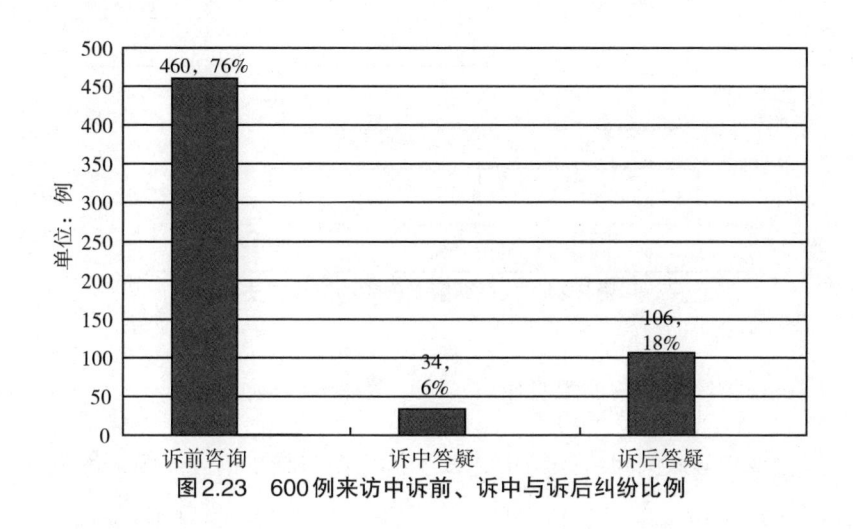

图2.23 600例来访中诉前、诉中与诉后纠纷比例

(四)人民调解工作室的调解与指导工作之方法

如前所述,人民调解工作室所接访的各类纠纷,大致可分为两类:第一阶段是诉讼前的来访;第二类是诉讼后的来访。这是按其纠纷所处事态的阶段划分的。其中,对于诉讼前的来访,可实行诉前的咨询与诉前的诉讼调解两种工作方法;对于诉讼后的来访可分为诉讼中的指导与诉讼后的答疑两种工作方法。换言之,针对不同的来访人员与事由,人民调解工作室除了解答常规性的法律咨询外,还要根据情况进行以下两项工作:一是对来访人员进行调解;二是对来访人员给予诉讼指导(见图2.24)。

```
            人民调解工作室
                  │
        ┌─────────┴─────────┐
     诉前接访              诉后接访
        │              ┌────┴────┐
        │           诉中指导    诉后答疑
        │              │
   ┌────┼──────────────┘
   │    │              │
解答咨询 进行调解    提供诉讼指导
```

图2.24 人民调解工作室的工作方法

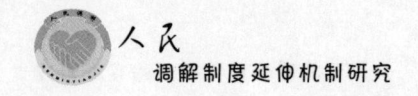

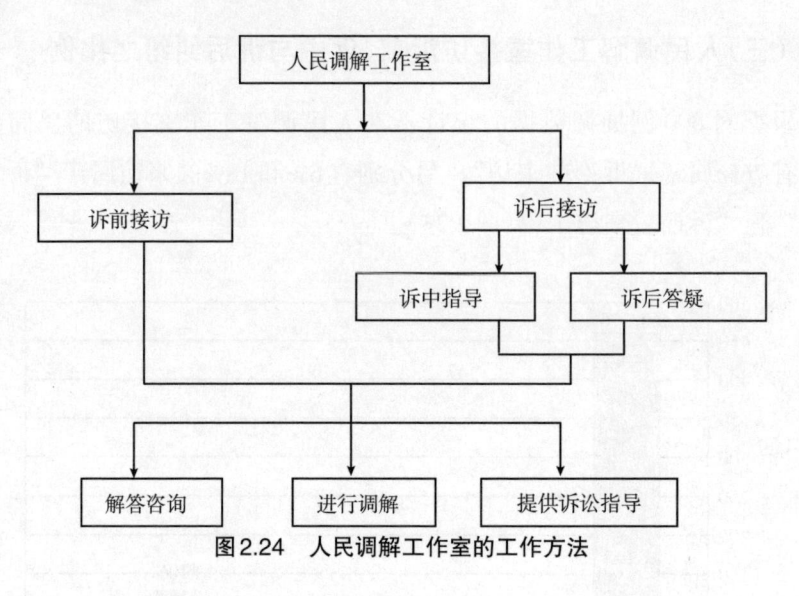

1. 诉讼前的接访与调解工作

在抽取的600例纠纷来访中，属于诉讼前来访的有460例，占76%。

诉讼前来访，以两类情况居多：一类是当事人认为有了矛盾后，不知道该如何面对而前来咨询；另一类则是当事人自认为矛盾有可能要付诸诉讼却又不知怎么办（含立案咨询）而来咨询。

对于这部分来访，人民调解工作室主要是帮助其分析，按照法律相关规定提供咨询服务。区别情况，可按诉前调解与诉讼指导两种情况处理：对于其中尚不构成诉讼的事项，对来访者予以法律释明，进行调解（化解、劝解）工作；对于不能进行调解但又符合立案的纠纷，则予以诉讼指导（具体数据见图2.25）。

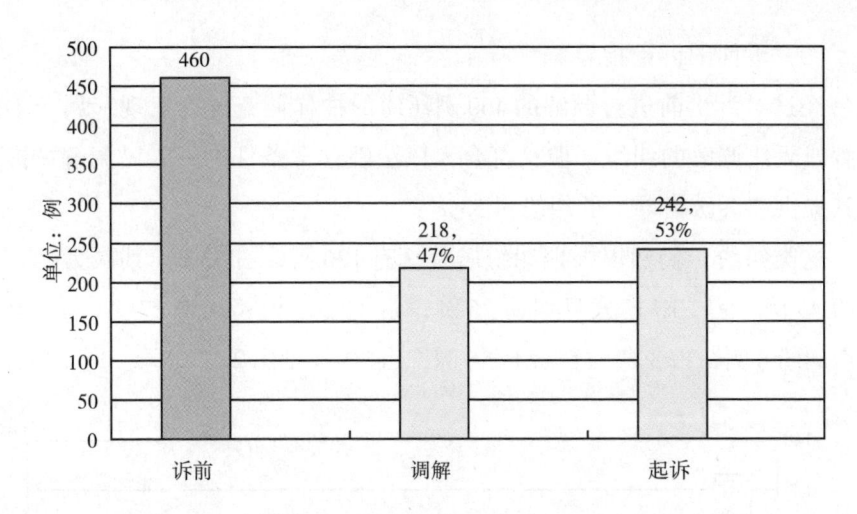

图2.25 460例诉前来访的处理情况

（1）诉前的调解。

经过对诉讼前进行调解的460例纠纷的抽样调查统计发现：当事人能表示不再坚持纷争或诉讼的比例为47.4%。

这部分纠纷，以婚姻纠纷居首，有132例，占60%；其次为：合同纠纷59例，占27%；人身纠纷12例，占6%；相邻纠纷8例，占4%；财产纠纷5例，占2%；行政纠纷2例，占1%（见图2.26）。

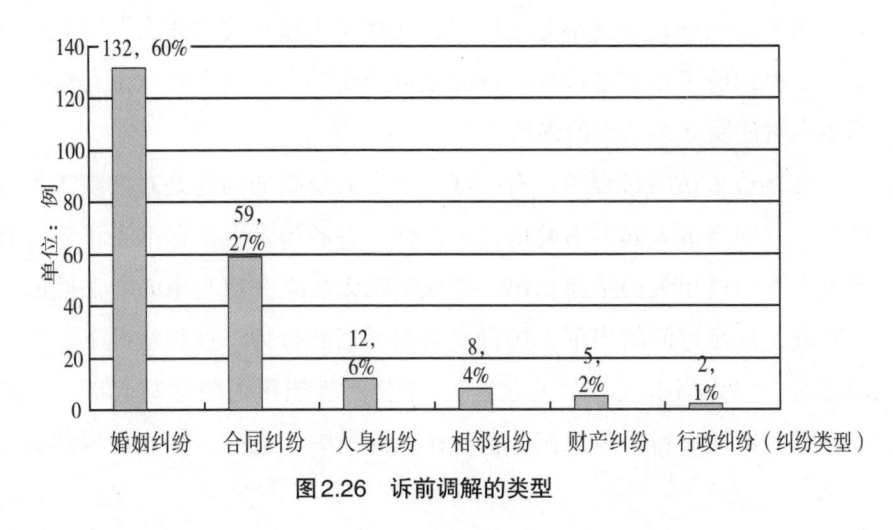

图2.26 诉前调解的类型

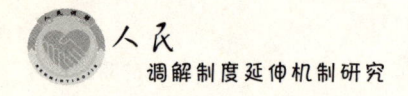

（2）诉前的诉讼指导。

经过对诉讼前进行调解的460例纠纷的抽样调查统计发现：属于不能调解或无法调解的纠纷，但又符合人民法院立案条件的，人民调解员进而为其提供"诉讼指导"的纠纷占53%。

这类纠纷，仍然以婚姻纠纷居首，有126例，占53%。其次为：合同纠纷49例，占20%；人身纠纷26例，占11%；相邻纠纷27例，占11%；财产纠纷8例，占3%；行政纠纷6例，占2%（见图2.27）。

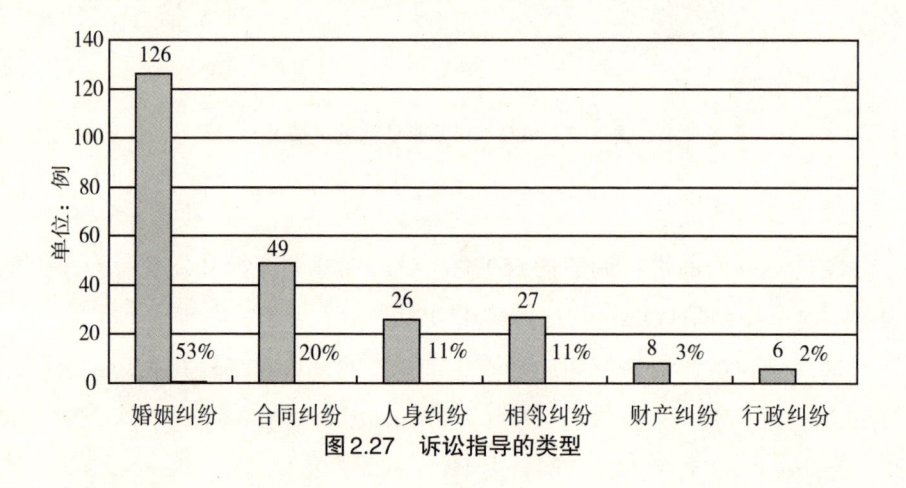

图2.27 诉讼指导的类型

需要强调的是，这部分工作中，在涉及人民法院"立案"问题的事项上，人民调解工作室进行的"诉前之诉讼指导"在很大程度上化解了不少当事人对法院立案工作的误解。

在接待来访的过程中，有一部分当事人反映的问题是对法院工作的不理解。有的当事人起诉书的格式不正确，有的当事人证据准备不够，有的当事人不知道相关的法律知识，造成法院无法立案或当事人对法院的判决书不服，甚至过激的当事人扬言要采取不当的行为。这种情况下，我们的调解员一一为当事人"驱云散雾"，手把手教当事人怎样写起诉书，需要准备哪些证据材料，为他们分析法律上的利弊，进一步从人情事理的角度对当事人进行劝解，减少一些不必要的误会。

案例

　　李某和邻居因为房屋遮挡问题发生了矛盾，李某被打，经公安部门处理，李某为轻微伤，李某起诉到法院要求对方赔偿。由于证据不足，法官不予立案。李某让立案法官告诉他需要准备的证据，法官因为当事人过多等原因没有予以解答，李某对法官很不满，于是来到调解工作室进行咨询。调解员了解了当事人的情况，认真看了当事人的材料后，首先告知当事人立案法官不给他立案是正确的，因为他缺乏证明自己确有损失的证据。其次根据李某的诉讼请求逐条给他讲明了需要的证据，并修改了他的起诉书。听完调解员的解答，李某明白了，同时表示理解法院的工作。

　　通过对"诉前之调解"与"诉前之诉讼指导"的对比，不难发现：在诉前来访中，经过调解，能够不起诉的纠纷比例明显高于仍需起诉的纠纷比例的，是"婚姻纠纷"与"合同纠纷"。也就是说这两类纠纷的调解成功率要相对较高。

　　经过调解，确认不能调解或无法调解的纠纷中，"人身纠纷"和"相邻关系纠纷"所占比例相对有所提升，说明这两类纠纷的调解难度相对较大。

　　尽管这两类纠纷调解难度相对有所增加，然而经过诉讼指导，也使纠纷当事人减少了困惑，使其顺利进入诉讼程序，起到了"释明"与"引导"作用，特别是设立在法院接待大厅的这种诉讼指导，在一定意义上也相应地既减少了当事人的诉累，也大大缓解了法院立案窗口的压力。

　　2. 诉讼中与诉讼后的接访与调解工作

　　"诉讼中来访"和"诉讼后来访"，均列为"涉诉来访"。

表2.3 140例涉诉答疑纠纷类型与诉前、诉中情况

纠纷类型	34例诉中/例	106例诉后/例	合计/例	类型占比
婚姻纠纷	18	49	67	48%
合同纠纷	7	31	38	28%
相邻纠纷	6	12	18	13%
人身纠纷	2	10	12	9%
财产纠纷	1	3	4	3%
行政纠纷	0	1	1	0.01%

在140例涉诉来访中，以婚姻诉讼最多，占48%；其次为：合同诉讼，占28%；相邻关系诉讼，占13%；人身损害诉讼，占9%；财产损害诉讼，占3%；行政诉讼，占0.01%。

这类纠纷，80%以上是因对对方当事人诉讼中的行为不满而来访，其余或因对诉讼程序不解，或因对法官有看法，或因对裁判文书有异议而来访。

对这部分当事人，人民调解工作室则要根据其所述诉讼进程，或根据裁判文书所显示的问题，对当事人予以涉及诉讼程序或适用法律问题的专业性指导。

（1）诉讼中的指导。

根据对600例纠纷的抽样调查：涉及正在诉讼进行中的纠纷来访约占全部来访的6%。

这部分来访，以反映对对方当事人在诉讼中的行为不解者居多，其次是对诉讼程序缺乏必要的了解，再次是反映对法官在审判工作中的不满。

（2）诉讼后的答疑。

根据对600例纠纷的抽样调查：涉及诉讼裁判完毕后的纠纷来访约占全部来访的18%。

这部分来访,多是反映对裁判文书的不解,其次是反映判决后执行中的问题。

人民调解工作室对涉及诉讼后的来访,在某种程度上起到了与法官进行"判后答疑"类似的效果。

诉讼中与诉讼后的接访与调解工作说明:不少当事人的纠纷在进入了诉讼程序后,无论是否请了律师,仍有可能就诉讼中或诉讼后的各种疑问,来到人民调解工作室寻求答案,甚至宣泄不满。此时,人民调解员就要结合其案情,通过法律的规定、对法理的诠释方法,再度对来访者进行释明和引导。客观地说,这些工作在一定程度上缓解了来访者对法律规定、法院审判工作的疑虑或不解,同时也说明了来访者对人民调解工作室的充分信任。

四、人民调解制度延伸机制的实践经验

人民调解与诉讼调解、行政调解并列为我国现行三大调解体系,而将人民调解工作置于人民法院内,置于诉讼之前,置于民间纠纷的汇集地,置于解决民间纠纷的最后一道防线,既是一项对常规的人民调解工作模式进行的突破性尝试,也是将人民调解与诉讼调解向有序衔接的方向迈进的第一步。其工作经验,值得探讨。

(一)特定环境下的独立第三方身份更具有"公信力"

目前设置于基层人民法院周边的法律咨询服务机构,从事的多为商业性活动。因此,对于有诉求的来访者来说,从这些服务机构中得到的服务或多或少难免偏颇。

而人民调解工作室的工作不具有任何商业色彩,又因独立于法院、律师之外的第三方身份,因此,没有"压制"与"挑诉"的情况,有的只是分析、释明、劝解和指导。西城区人民调解工作室虽然身处法院内办公,但对发现裁判确有问题的情况,调解员们也绝不袒护法院,而是引导当事

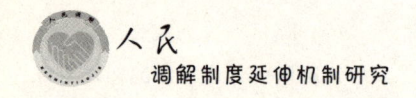

人采取恰当的方法通过上诉的方式继续解决。5年来的接访量,足以证明来访当事人对人民调解工作室的信任程度,是任何其他法律服务机构无法相比的。这实际上就是对人民调解工作的认同,人民调解功能在这里能够得到充分的发挥。

案例

年事高达88岁的王老先生,由于邻居的自建房影响了他的住房的排水、通风、日照及修缮,致使老先生的房屋墙面渗水、墙体糟朽、房内潮湿,不仅对房屋质量造成破坏,而且影响了老人的正常居住及身体健康。老先生委托女儿向法院起诉,请求对方拆除自建房、排除妨碍,结果被驳回。老人的女儿接到判决书后感觉实在无法向老父亲交代,便找到调解员咨询。调解员经过分析,感到这份判决在采集证据方面确存问题,建议当事人可以考虑通过上诉解决,当事人却表示实在没有信心也没有能力上诉。为了帮助当事人彻底解决问题,调解员一方面鼓励当事人克服畏难情绪,另一方面主动为其起草了上诉书及代理词。由于上诉书和代理词中表述的侵权事实客观清楚,依据法律恰当,上诉请求合理合法,二审法院对一审判决作了改判。这件事,让当事人对调解员公平正义的品德和良好的业务素质敬佩不已。

实际工作中,正是由于调解员们不仅具备丰富的法律知识,更由于他们将自己置于相对公正、客观的"第三方"角度,恰当准确的释法析理工作,令当事人心悦诚服,从而大大削弱了当事人对人民法院的抵触情绪,既维护了当事人的合法权益,又体现了法律的尊严。人民调解工作室也因此赢得了更多当事人的信任。

5年中,人民调解工作室共接待了10632例民间纠纷,其中涉及诉讼后的纠纷比例高达18%,也就是说有近2000例被法院审理完毕的民事纠纷,在人民调解工作室"又过了一手"。这项工作,客观上对人民法院的判后工作压力起到了缓解作用。

(二)设于法院内是开展人民调解工作的最佳契合点

人民调解延伸到民间纠纷汇集地这一做法,表明这是预防民间纠纷激化的最佳契合点。

实践证明,很多民间纠纷自萌发至激化期间,在很多环节上都可处于"调与不调"或"诉与不诉"之间,特别是大量的纠纷,由于在萌发(或初始)阶段未能得到有效的疏导和指导,因此错过了化解、缓解的最佳时期。而人民调解工作室设置在法院内,最大限度地将这些处于萌发(或初始)阶段的纠纷,进行疏导或指导,将其化解在法院(诉讼)门前,不能不说,这是一个预防民间纠纷激化的最佳契合点。

案例

在某一年的盛夏,西城法院的立案大厅里涌进了来自天津、河北、河南等地的20多名农民工,他们愤怒的争吵声引起了人民调解工作室的工作人员的注意。

原来,在西城区某公司承包的道路施工工程中,这些农民工听信了包工头的"管住不管吃,日工资从40元至60元,工程完工后一次结清……"的口头承诺,顶着炎炎烈日勤苦劳作,使工程如期竣工。他们本以为能够顺利拿到36000余元的劳动报酬,却没想到包工头一再拖延就是不给钱。这些民工们挤在简陋的工棚里,闷热加上蚊虫叮咬,白天寂寞难耐,夜间无法入睡,处境苦不堪言,陆续有人病倒,而包工头却东躲西藏置之不理。情急之下,民工们集体来到法院,请求起诉。但是由于他们手中没有任何凭据,法院无法受理。眼看辛辛苦苦的血汗钱要泡汤,民工们在法院的立案大厅里激愤不已,纷纷扬言要回去绑架包工头。

看着混乱的场面以及蓬头垢面、愁眉不展的民工们,人民调解室的工作人员心里很不是滋味,同情心与正义感促使他们无论如何也不能袖手旁观,当即决定向这些既无奈又无助的民工们施以援手。于是他们主动上前,劝说民工们千万不要采取过激行为,并表示一定要去工地现场帮他们解决问题。听了调解员的话,民工们像吃了定心丸,相继安静了下来。

当即,两位调解员冒着38度高温,骑着自行车来到民工们居住的低矮闷热的工棚,坐在肮脏潮湿的铺板上,向民工们详细了解了包工头拖欠劳动报酬的情况,讲解了应当采取正当手段解决问题的途径。随后,调解员设法找到包工头,向他叙述了在法院发生的一幕,一边向他宣传相关法律,一边动情地对他说:"农民工抛家舍业出来干活挣钱不容易,他们辛苦付出理应劳有所获,你攥着工人的血汗钱不给于心何忍?将心比心,如果是你的家人、朋友遇到这种情况,又该作何感想?"循循善诱的一席话说得包工头无地自容,当即答应第二天就发工资。次日一早,调解员又来到工地,督促包工头兑现了承诺。农民工们如数拿到工钱后高兴地说:"真没想人民调解员这么快就把问题给解决了!"他们将调解员团团围住,纷纷握手道谢并合影留念。这起濒临激化的矛盾,就这样在人民调解员的鼎力相助下得到了圆满解决,又避免了一起恶性群体事件的发生。

(三)"单方(单独)调解"的方法得到彰显

人民调解工作室在大量的日常接访中,面对的90%以上的来访者都是一方当事人,其中大多是矛盾的"主动的诉求方",少部分是"被动的被诉求方"。而无论哪一方,既然到法院来访,均表明其有若干的"困惑"或"不解",急于获取相关的答案。这种情形下,人民法院的立案窗口是难以满足这些需求的。而人民调解工作室,则填补了这一缺憾,从不以简单的"行"或"不行"来应对。

但此举并非目的。人民调解工作室的作用还在于不仅仅是填补了这一缺憾,更重要的是工作人员通过其丰富的社会工作经验、法律知识和扎实的人民调解工作技巧,从缤纷复杂的来访者的陈述中,通过分析矛盾的演变过程,结合来访者的诉求,敏锐地捕捉每一起纠纷的关键细节,并结合其心理状态,适时主动使用"单方(单独)调解"的方法,对来访者施以方法指导、法律释明以及情理交融的劝解等工作,从而使大量的纠纷得以化解或缓解。

此外，由于人民调解工作室熟悉众多案例，在实施调解或指导工作中，"举例法"这一调解方法亦得到广泛应用，效果颇佳。很多当事人，尽管是面带焦虑而来，但经过人民调解员对调解技巧的灵活的运用，最终多以"我明白了"道谢而归。

案例

贺某中年得子，视若珍宝，溺爱有加，致孩子多有任性。孩子今年已上小学三年级了，上课仍时不时撩拨同学、说话、串座位，下课更是多与同学发生纠纷，给老师和同学们带来不少的烦恼。为此老师多次与贺某联系，寻求配合教育，仍不见效后，校方提议转学。这引起贺某的强烈反感，认为是"学校歧视我的孩子"，于是手持《义务教育法》找学校、教育局要"讨说法"，进而来到法院，要状告学校和教育局给以损害赔偿。"民事的立不了我告行政诉讼总可以吧，凭什么都不给立？"带着愤怒与不解，贺某在法院的立案大厅又喊又叫，听不进法院工作人员的任何解释与劝说。误打误撞间，贺某推开了人民调解工作室的大门。

根据贺某激动的情绪和所述的情况，调解人员首先介绍了人民调解工作的性质和原则，使其打消对立情绪，待其能够进入正常交谈的状态后，又以客观的立场和态度给他讲解了法院立案的必备条件。调解员劝说道，校方仅是与家长沟通教育孩子的方法，并未实施损害行为，也无损害后果，而教育局虽是行政管理机关，但在此事上也未作出需要承担行政责任的事情来，倒是作为父亲，他应当拿出精力来考虑如何正确教育自己的孩子，如果只片面强调维护自己孩子的利益，漠视孩子的健康成长，错误地指责老师、学校、教育局，客观上加重了对孩子无原则的溺爱与放纵……可是调解员语重心长的话，贺某并未听进去。然而就这一件事，在此后的一个月里，贺某先后又来了七八次，工作室所有的调解员都接待过他了。虽然从举动上看他还期望着法院能给他立案，但也明显看得出来，他的心态在逐渐趋于平静。直到最后一次来，他向调解员道出了心里话："其实

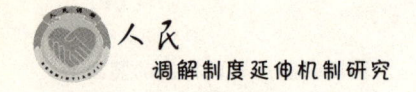

你们讲的我早都听明白了,之所以还来,就是想与你们聊聊天,你们这个调解工作室,让我明白了一个道理:抱怨别人,其实是自己的错误……我不会因为这事和学校教育局打官司了。"

(四)人民调解与诉讼调解有效衔接

目前,根据中央及最高人民法院的有关指示,各级法院均加大了诉讼调解力度,包括诉前调解、诉中调解及诉后答疑与执行和解等。人民调解工作室设置于人民法院内,其所开展的"诉前调解"与涉诉(诉中及诉后)的指导工作,与人民法院的诉讼调解工作形成了相互映衬,客观上形成了"非诉调解"与"诉讼调解"相互衔接的效应。

有的当事人来咨询时怒气冲冲,对纠纷涉及的对方当事人极为不满,不达目的就要起诉。后经人民调解工作室的工作人员讲清相关的法律知识以后,当事人心悦诚服,怒气也没有了,对所持有的矛盾纠纷也不准备起诉了。

案例

西城区人民调解工作室接待了一位姓李的当事人。据李某讲:他原先在西城区后海北沿#号院承租两间公房,院内另有一间自建房。1992年6月,李某所在单位给李某在朝阳区分了新的住房。原住房由新迁来的袁某居住,那间自建房也由袁某使用。15年来双方无任何纠纷。

2006年,后海北沿#号院拆迁改造,该院所有住户全部拆迁,包括袁某在内的街坊邻居均得到拆迁补偿款并搬到异地居住。李某听说在袁某得到的拆迁补偿款中包含了对那间自建房的补偿。现在李某想通过诉讼的方式向袁某要回那间自建房的房屋补偿款,并向调解员进行法律咨询。

调解员听了他的陈述之后,明确告诉他:"此款你要不回来!当然起诉是你个人的权利,但是这场官司你是肯定要输的。你还得白花诉讼费,这样你既劳神又费心还破财。其原因是:首先,根据《北京市政府关于拆迁安置补偿政策的规定》,自建房是不能给补偿的,对袁某的补偿你也是道听途说的,并没有实际证据能够证明你的观点。其次,即使自建房得到了补偿,而你早已不在被拆迁地居住了,并且自建房早就交由袁某使用了,补偿与否与被拆迁人的居住状况有关,与你没有关系。"听了调解员的解释,李某表示得不到相关证据,所以不起诉了。

(五)社会工作经验与专业工作能力的保障作用不容忽视

人民调解工作室的调解员是由区司法局、区人民调解员协会选派的既熟悉法律又具有丰富社会实践经验的同志组成,他们有着天然的专业优势以及良好的工作激情,能够实现用真心、真意、真诚、真情奉献给他们为之骄傲的工作。他们的业务能力、知识水平和工作经历使他们成为有公信力的"和事佬";他们对调解工作的热爱更让他们成为称职的"和事佬";社会工作经验与专业工作能力是将人民调解工作顺利延伸至人民法院的有力保障。

案例

2011年1月的一天,天气寒冷,一位50岁左右的妇女满面愁容地来到调解委员会。她一进门,就赶紧拉住调解员老同志的手说:"家里出现了矛盾,我现在是真的不知道该怎么办了,你们能不能帮帮我?"老同志见状,立即劝慰道:"你不要着急,我们能帮的肯定会帮到你的,家里的事,坐下来慢慢说。"

她说:"我姓张,今年50岁,与丈夫结婚已经20多年,有一个儿子,今年也已经24岁了。家里的老婆婆87岁高龄,与我们同住。但是我丈夫什么都不干,还总是爱挑毛病找茬,夫妻关系不和。现在我们有一个两居室的房子,50平方米。要是离婚的话,我们的房子怎么分啊?"

调解员仔细倾听了她的问题,然后指出问题的症结就是夫妻感情。于是首先回答了她房子的分配问题。夫妻共同财产依法各占1/2的份额,对于夫妻共同的房子,可以协商分配,一个人要房产,然后给对方适当的补偿。但是调解员发现,对于这对感情确实没有破裂的夫妻,还是要尽量避

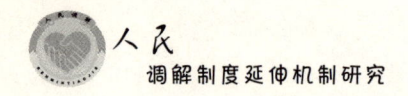

免离婚。于是又劝慰道:"你们夫妻20多年了,两个人又没有太大的矛盾,而且又没有第三者的过错,两个人之间应该相互包容,相互理解,促进沟通,才能化解矛盾,两个人都让一小步,生活就会和谐一大步。再说,也要为孩子考虑,每个孩子都希望能有一个完整的家庭,离婚不仅伤害了夫妻两个人的感情,其实受害最深的还是孩子。最后一点,两个人也都年过半百了,老了或者生病了,将来也不会麻烦孩子,有老伴在身边,是个照顾啊,夫妻还是原配的最好!"

张女士听到这里,尤其是谈到孩子,情绪比较激动,眼眶也湿润了,声音有些嘶哑,说:"那我听您的劝说,回去跟他好好谈谈,我也不想走到那一步啊!如果实在没办法了,再想其他的办法!真是太谢谢您了,去了我的心头病。"

调解员听到这里,欣慰地笑着说:"这就对了嘛,夫妻啊,一定要相互理解啊!我国有句俗话,一日夫妻百日恩,少来夫妻老来伴。夫妻关系的融洽自古就是我们传统问题所提倡的美德。小家和睦,社会才会和谐。而根据我国《婚姻法》,夫妻应当互相忠实,互相尊重;家庭成员间应当敬老爱幼,互相帮助,维护平等、和睦、文明的婚姻家庭关系。所以,对于夫妻双方,应该多些宽容,少些抱怨,多些理解,少点吵闹,才能为孩子撑起一片温暖安逸的天空,更能为社会的和谐作出贡献!"

第三章　关于完善人民调解制度延伸机制的思考

一、调解延伸是人民调解发展的客观需要

人民调解可谓预防民间纠纷的"第一道防线",而人民法院则可谓处理民间纠纷的"最后一道防线"。对于所谓突破或绕过"第一道防线"的各种民间纠纷,人民调解工作室因其地处各类纠纷汇集地,其工作优势与设置之必要性,亦有其特点。

(一)便于了解当地情况且针对性地调整工作方略

人民调解工作室与人民法院立案庭同处一个工作环境内,可以了解到来自当地各个街道、各个社区及各村的纠纷情况。这为人民调解工作室提供了极大的帮助,无论是从宏观角度了解纠纷形势,还是从微观角度把握具体调解工作的尺度、方向,恰当运用不同的调解策略与方法等。

(二)便于与人民法院进行沟通

人民调解工作室与人民法院立案庭相对而设,对于来访的当事人,立案庭与调解工作室可以实现随时沟通情况,既有利于人民调解工作室随时了解人民法院的工作要求,也为确定掌握来访当事人所诉求事项的接访方法创造了条件,进而形成"默契配合",从中取得最佳的调解与指导效果。

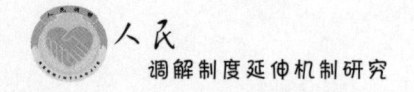

(三）便于加强对基层人民调解委员会的工作指导

由于人民调解工作室的工作能够触及来自当地各街道、各社区、各村的纠纷信息，可谓"见多识广"，故对于指导辖区内的社区调解委员会开展工作具有较强的针对性。

几年来，北京市西城区人民调解工作室通过汇总、分析，结合不同时期或阶段的民间纠纷发展形势及特点，适时通过人民调解员协会，有针对性地面向社区各级调解委员会，多次组织人民调解员开展多种形式的业务培训，结合婚姻法、继承法、物权法、侵权责任法等法律，以及从人民调解工作室获取的第一手资料，通过丰富、翔实、通俗、生动的案例与知识宣讲，取得了较好的培训效果。

（四）便于提高人民调解工作的影响力

正因为人民调解工作室设于立案大厅内，很多来访当事人对人民调解工作室的工作表示出了极大的信任，其接访量远远高于法院周边的其他法律咨询机构。人民调解员的工作得到当事人的认可程度相对较高。

（五）便于在"大调解"体系中建立深度的衔接机制

目前，人民调解、司法调解、行政调解是我国民间纠纷调解体系中的三大框架。但在实际工作中，这三者之间尚缺少有效的联动机制。

如前所述，当前传统的民间纠纷大量存在并呈现出与其他纠纷相互交错、互为因果的状态，许多纠纷集行政、民事、刑事等诸因素。所以，将人民调解工作室设于法院内，不应仅仅是办公环境的"衔接"，也不是人民调解向法院延伸的最终目标，其核心应当是人民调解与司法调解两种调解机制的衔接与深化。

总之，人民调解进法院，改变了人民调解的固定模式。首先，它不同于法官调解，使调解工作更贴近百姓，使广大群众更易于接受；其次，运用灵活的方法，采取单方面的调解方式，让一方当事人暂缓或者放弃诉讼，冷静地商量，或者退一步理解和包容对方当事人，从而实现了矛盾的缓解或化解。这一平台更多的是让当事人了解，除了法律解决这一途径之外，道德的层面也是很重要的。

人民调解工作室进驻法院，是西城区司法局与西城区人民法院为探索多元化解决纠纷机制实施的具体措施之一，是进一步落实司法为民、司法便民、司法利民措施的一项有益尝试，该项举措把司法审判关口前移，为群众解决纠纷提供了多种选择方式，形成了民事调解与民事审判相对接的一种新型的、特殊的工作机制，对于平复矛盾、化解纠纷、促进和谐西城建设具有积极意义。

实践证明，人民调解工作室的建立，不仅为西城区的百姓提供了一道免费的"法律服务大餐"，有利于发扬"和为贵"的民族文化特色，而且以其灵活便捷、解决纠纷不留后遗症的特点，实现息诉止争、使当事人降低诉讼成本的目的。这是西城区司法局和西城区法院密切配合的结果，是西城区建立"诉前调解"机制的一项标志性工作，也是西城区贯彻落实"人民调解与诉讼相衔接"工作机制的有益尝试。

此外，当事人在有关诉状的书写、证据的提交、办理的程序等问题上，几乎都到人民调解工作室咨询，寻求指导与帮助。可以说，人民调解工作室进驻人民法院，在客观上也极大缓解了人民法院导诉工作的压力。

二、人民调解延伸是民主法制的进步

在法院设立人民调解工作室是通过发挥人民调解维护社会稳定"第一道防线"的功能，以实现迈向社会和谐的总体目标。2003年上海长宁区法院设立了全国第一家专业化人民调解机构——"区联调委人民调解窗口"，开展了"在法官主导下诉讼调解适度社会化"探索，开创了"人民调解走进法院"的先河。2011年《最高人民法院工作报告》指出："加强诉讼与非诉讼相衔接的矛盾纠纷解决机制建设，发挥人民调解组织、社会团体、律师、专家、仲裁机构的作用，通过在法院设立人民调解工作室等做法，引导当事人就地、就近选择非诉方式解决纠纷。"目的是在社会化的大背景下实现纠纷的合意解决和减轻基层法院的压力。

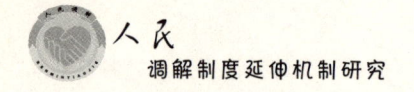

(一)司法社会化成为普遍趋势

从纠纷的发展历程来看，ADR不仅被认为是一种与司法不同的纠纷解决机制，而且是与司法相互依存、相互作用的机制。ADR与现有法律机制之间的依存关系通过在法院设立人民调解工作室的做法很清晰地表现出来。在法院设立人民调解工作室的做法被认为是增加民众接近、参与、满意司法解决纠纷的一种有效途径。2004年《最高人民法院关于人民法院民事调解工作若干问题的规定》正式提出"适度社会化"理念，各地法院因地制宜地创造了一些诉前调解机制。人民调解工作室进驻法院是在司法社会化趋势中形成的一种创新机制，由社会救济机制承担起部分纠纷解决的职能。

(二)走出司法能力不足的困境，实现诉前分流

"诉讼爆炸""案多人少"是我国大中型城市和东部发达地区基层法院面临的困境，反映出实践中这些地区基层法院案件激增与法官短缺之间的矛盾。如北京市西城区人民法院民一、民二庭的法官人均结案量，2007年是216.05件，2008年是114.35件，2009年是274.85件，2010年是279.1件，2011年是291.9件，2012年是266.2件。从最高人民法院发布的《2006—2010年审执结案件数量与法官人数走势情况》看，2009年，全国审执结案数为1054.5万件，全国法官人数为19万，人均办案数为55.5件。如果排除法院内部行政管理职能所占用的法官资源，只从一线审判法官数量计算，该数字可能会是惊人的。

由于我国社会结构发生重大变革，转型期纠纷呈现出类型多样化、主体多元化、内容复合化、矛盾激化等特点，但法院又面临着适法无据、司法公信力不高、法院在国家权力架构中地位较低等难题，诉讼程序无法实现案结事了，定纷止争，这样常常使法院身处纠纷的旋涡之中，不少法院开始加强诉讼之外替代性纠纷解决机制的构建。在最近几年的多元化纠纷解决机制探索中，如"大调解""诉调对接"等，法院往往会主动且多出力，从源头上减少进入诉讼程序的案件数量。在法院设

立人民调解工作室的做法便是基层法院充分利用人民调解这一社会调解资源的典型。

目前，判断在法院设立人民调解工作室是否对诉讼程序进行案件分流可以从在法院设立人民调解工作室处理纠纷的数量上进行直观评判。例如，根据西城区人民调解员协会的月报统计：2009—2013年，人民调解工作室共接访、调解各类民间纠纷10632例，平均每年接访2136例、每月接访178例。接访量约占同期西城区人民法院（北区）民事第一审判庭和民事第二审判庭受理的民事诉讼案件数量（2009年10994件/2010年11164件/2011年11676件/2012年10648件/2013年9023件,总计53505件）的20%。

在人民调解工作室总计接访的10632例民间纠纷中，经过人民调解员的努力，有7293例纠纷经过了不同程度的调解，调解率达到了69%，调解成功率达到了93%；占24.4%的2608例纠纷在人民调解员的指导下进入了诉讼；另外，占7.3%的779例纠纷因各种原因，被人民调解员妥善作了分流处理。从某种意义上说，人民调解员协会的工作不仅分流了社区人民调解委员会的压力，还极大地缓解了区人民法院立案庭的工作压力。

从实践运作来看，法院设立的人民调解工作室直接与立案庭对接，接受立案庭转交过来的案件，因而其肯定对案件的诉前分流有一定作用。随着人民调解窗口、人民调解工作室专业化、免费等激励机制得到社会的认可，纠纷当事人直接到工作室寻求救济的现象呈上升趋势，这也发挥了其在诉前化解纠纷的功能。如北京西城区法院大厅的"人民调解工作室"原来主要接受法院转介调解，现在直接到调解室要求调解的当事人逐渐增多。

（三）人民调解工作的发展不能适应社会纠纷形态的变化

"说理—心服"是对人民调解机制最好的诠释。随着改革开放、社会组织结构的分化，社会成员之间的纠纷形态发生变化，以往一些常见性民

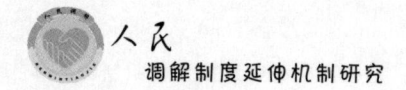

间纠纷减少,且即使发生的纠纷也往往因法律性质的复杂化而不适合人民调解组织处理。"由于村民的生活水平的提高,村民注意力的转移以及村民之间互动频率降低,纠纷正在减少。"有的学者通过对北京地区人民调解制度适用状况的调研发现,随着城镇居民财富增长、生活方式及态度的变化,纠纷的数量在减少。

由此,人民调解在经过20世纪80年代的繁荣后开始衰落。1991—2007年,人民调解委员会数量持续下降,人民调解组织化解的纠纷数量处于持续下滑状态,而人民法院收案数总体上处于持续上升状态(见表3.1)。

表3.1 1987—2009年人民调解制度运作状况表

年度	人民法院收案数/例	人民调解结案数/例	人民调解员/万人	人民调解员人均办案数/例
1987年	1580375	6966053	620.58	1.12
1989年	2511017	7341030	593.71	1.24
1991年	2448178	7125524	991.41	0.72
1993年	2983667	6222958	976.65	0.62
1995年	3997339	6028481	102.59	0.59
1997年	4760928	5543166	1027.40	0.54
1999年	5054857	5188646	880.30	0.59
2001年	4615017	4860695	779.30	0.62
2003年	4410236	4492157	669.20	0.67
2005年	4380095	4486825	509.65	0.88
2007年	4724440	4800238	486.87	0.99
2009年	5800144	5797300	493.89	1.17

从表3.1中的数字可以看到,近些年来人民调解总体呈现出非专业化、非职业化的散乱特点,全国人民调解员数量始终保持在500万人左右,而人民调解员人均每年调解的案件数量在1件左右,仅从量化效果上考察,人民调解制度的发展未能跟上社会发展的步伐。在构建和谐社会的大背景下,探索新时期人民调解的复苏之路,将人民调解重新纳入社会治理的框架中来是我国司法的重要任务。在基层法院设立人民调解工作室的做法是在这种状态下的一种积极探索,其实也体现出对传统解决纠纷资源的"路径依赖",但其主要以纠纷解决为目标,以专业化、职业化、程序化这种"集约化"模式为探索方式,实现诉讼调解的社会化和人民调解的准司法化衔接,提升其处理纠纷的有效性。

(四)在基层法院设立人民调解工作室提升人民调解机制的功能

传统人民调解具有非专业、非职业等特点,在经济急速发展和社会转型时期,其很难适应社会发展现状。2002年司法部《人民调解工作若干规定》便将行业调解组织等划归人民调解的范畴,为人民调解的专业化、职业化发展提供依据。基层法院设立的人民调解工作室集专业化、职业化调解为一身,实现对传统人民调解工作机制的转换,相应提升人民调解机制的功能。从西城区法院设立的"人民调解工作室"的实证调研数据来看,2009—2013年,人民调解工作室共接访、调解各类民间纠纷10632例,其中案件类型较为广泛,有买卖合同、民间借贷、运输合同、离婚、交通肇事、劳动纠纷、信用卡纠纷、知识产权纠纷等。其解决纠纷的类型明显与传统人民调解主要针对婚姻家庭、邻里纠纷不同,更具有社会转型期的特点。人民调解工作室常驻的6名工作人员,均是有着多年基层法律工作经验的老同志。在这5年共调解的10632例民间纠纷中,平均每年调解2126.4例民间纠纷,年人均425.28件。这与全国人民调解员年人均1件左右相比,其纠纷调解功能较传统人民调解明显提高。

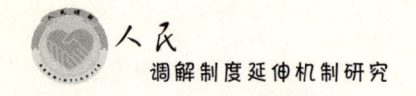

（五）在基层法院设立人民调解工作室能够提高纠纷解决的效益

从目前西城区法院设立的人民调解工作室的运作机制来看，基本都是采取免费调解，并且调解后进入司法确认程序的案件，法院也不收取任何费用，这体现在当事人合意基础上获取免费的"产品"。在时间上，根据实证调研，经人民调解工作室调解的案件，都是在一周之内结案，并且司法确认也可以当场进行，因而用时上与诉讼程序相比，能节约至少10倍以上的时间。从最终结果上看，有不少当事人当面就对调解协议约定的权利义务关系予以兑现，而经过司法确认的协议又具有强制执行力，当事人因而获得与裁判结果基本等价的结果。

三、人民调解延伸的现状与问题

前述数据表明，特别是在诉前阶段，人民调解工作室的大量诉前接访工作与人民法院诉前调解工作（包括立案环节的调解工作）有着相当的重合度。因此，如果仅将人民调解主持下达成的调解协议通过人民法院确认，从而实现其法律效力，即认为是实现了人民调解与诉讼的衔接，显然是不够的。人民调解工作室设立于人民法院内，只是将人民调解的工作向法院延伸的一个起点、一个标志。因为人民调解与诉讼调解还存在着巨大的衔接空间。目前，人民法院的诉讼调解，包括诉前调解（立案前调解和庭前调解）、诉中调解（开庭后至判决前的调解）和诉后调解（判后答疑和执行和解等）。而这些可以渗入调解的环节，人民调解工作室在日常工作中均有所触及。

但是，人民调解工作室所开展的"非诉讼调解"工作的经历证明：

第一，在人民调解工作室主持下，矛盾双方之间达成调解协议的概率较低，是因为前面提到的"来访人多为一方当事人"的原因。而大量的"单方调解"所实现的社会效果，则容易被忽略。

第二，人民调解工作室所涉及的民间纠纷，包括了从矛盾初始至裁判结束及执行阶段，其涉足领域远远超过了基层人民调解委员会，也大大超出了人们对"人民调解"的一般理解含义。

基于上述两点可以发现，以在人民法院内设立人民调解工作室的形式，将人民调解延伸至人民法院内，实际上还有更大、更为广阔的发展空间，那就是人民调解所具备的"非诉讼调解资源"与人民法院的"诉讼调解资源"之间，还有建立进一步的"资源整合"的发展空间。现人民调解工作室的设立，实际上恰是为"人民调解"与"诉讼调解"间建立整合关系的一个良好的契合点。

就目前设立在西城区法院的人民调解工作室的现状来看，人民调解工作室所进行的非诉讼调解工作，与法院的诉讼调解工作还存在脱节的情况，主要表现在调解资源尚未有机整合。另外，就人民法院而言，对人民调解工作室的设立，目前亦仅视其为所增加的一项便民措施，这也与延伸的意义尚存差距。

由于缺少这种整合的意识，延伸的意义还没有真正实现。目前存在的问题主要表现在以下四个方面。

（一）诉前调解与诉讼指导工作与法院立案庭工作尚未建立沟通和交流机制

尽管人民调解工作室设立于法院内部，主要是与立案庭或者审判部分联系，但两者隶属于不同的单位，难免会出现工作衔接不畅的情况。实际工作中，人民调解工作室在诉前接访时，对涉及立案环节的纠纷所进行的调解与指导工作与立案庭的工作是紧密相关的，但因尚未建立关联机制，目前只是在个案处理上有一种默契状态，无整体的信息交流与沟通，人民调解工作室对人民法院立案的工作机制、具体工作要求、立案动态情况的了解，只能从来访人的反馈中捕捉相关信息；而立案庭对人民调解工作室在诉前接访中究竟做了哪些工作、能够起到哪些作用，以及效果如何，也不甚掌握。

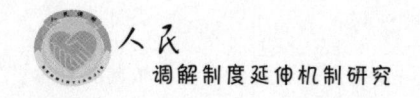

这种工作状态，虽然在客观上有互补作用，但从某种意义上讲，是两种工作机制在各自的工作要求的条件下交叉做着同一件事情。

（二）涉诉调解、指导工作与法院民事审判工作之间无沟通和交流机制

（1）对涉诉（诉中与诉后）纠纷当事人的来访，工作室的调解人员不知法官在审理过程中做过何种调解工作，只能从来访人的单方诉说中了解案件情况，法官也不知该案的当事人在庭外或庭下期间，会在调解工作室的调解人员那里得到过哪些调解或指导工作——这在某种程度上说，还处于"你调你的，我调我的"状态。

这种工作状态，对人民调解工作室在接访涉诉纠纷中，准确把握实施调解或指导的尺度形成一定难度，甚至会产生偏差。

（2）目前法院民事审判庭的调解工作压力较大，在不断加强诉讼调解力度的过程中，逐渐在强化引入社会力量参与诉讼调解的措施，包括邀请人民陪审员、社区工作者、社区人民调解员，甚至专家和学者等。

然而，人民调解工作室作为基层人民调解组织的一面旗帜、一个核心机制，对此却不甚了解。而民事审判庭的众多法官同样对设立在法院内的人民调解工作室的机制与作用知之甚少，对社区的调解力量亦缺乏了解，两者间脱节严重。

（三）人民调解工作室缺乏及时了解、掌握最新司法资料和审判动态信息的渠道

人民调解工作室地处法院内的这一特殊环境，致使其日常工作中可以触及各类纠纷，但对各类新型纠纷处理方法，或对最高院和市高院随时发布的就处理各类纠纷所依据的最新司法解释等指导性文件无从了解。这对提升人民调解员在日常纠纷调解和诉讼指导工作中及时把握、了解、准确适用法律规范，指导基层人民调解委员会工作，培训基层人民调解员等，

无疑是一道障碍。

（四）司法资源有待"有效"整合

在当前民间矛盾构成复杂的形势下，基层人民法院在民事案件的立案、审判、执行的各个阶段，为最大限度地实现"息诉罢访"，均要投入大量的调解力量。与此同时，带来的是面临由于"案多人少"而造成的巨大工作压力。

"人民调解工作室"是西城区司法局与西城区人民法院联合创办的一项标志性的工作机制，是在当前各级人民法院均设法引入各种社会力量加大调解力度的形势下，将人民调解工作延伸至人民法院内，以便益于将人民调解与诉讼调解相衔接的一项尝试与突破。但目前仅限于便民服务层面，仅与人民法院的立案环节存在默契的工作状态，显然是不够的，也是有违设立初衷的。

（五）人民调解工作室在某种程度上给虚假调解创造了便利条件

人民调解工作室在迅速、便捷解决纠纷的同时，也面临着虚假调解的困扰。审判程序有较为严格的程序控制，法院对当事人实体权利义务的主张要经过严格证明程序才会作出判断，因而虚假诉讼等问题还能在一定程度上予以控制。而人民调解工作室调解工作以当事人合意为基础，缺乏相应的审查程序，在追求调解率的当下，司法确认程序中法官审查较为粗略，这给恶意转移财产、规避执行等提供了便利条件，当事人可以串通起来骗取法院的司法确认书，实现对抗法院的目的。

四、深化人民调解制度延伸机制之建议

如前所述，人民调解工作室设立于人民法院内，是将人民调解工作指向诉讼前的纠纷调解，是直接调解"打到法院门口"的民间纠纷。这种设立宗旨，一方面要将人民调解与诉讼调解实现有机衔接；另一方面，也是

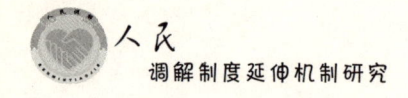

要为西城区的"三位一体"大调解格局的实现奠定基础。2007年北京西城区设立人民调解工作室时，确定的职责与任务主要有三大项，针对来访人员的诉求，区别情况，分别予以咨询与疏导、诉前调解、诉中与诉后答疑。

咨询与疏导——根据来访人员所述，通过分析其中的法律关系（如主体关系、管辖关系、因果关系等），结合相关法律知识，向其指明解决纠纷的正确方法，指导当事人选择最方便、最有效、最快捷的解决问题的途径，促使当事人选择调解或者其他非诉讼的方式解决问题。

诉前调解——是对一些争议标的额不大、案情相对简单的民事案件进行调解。这种调解一般分为两种方式，一种是在双方自愿申请调解的情况下进行，或者是在人民调解员的建议下，在征得了双方同意的情况下进行的；另一种是对来访的一方当事人即时进行单方调解，通过对其所述进行解析，说服其放弃不当的诉求，从而实现纠纷的缓解或化解。

诉中与诉后答疑——针对有些纠纷已经进入诉讼程序，或者诉讼已经完结，但仍有当事人出于对法院工作的不了解、出于对法律适用的不了解而提出质疑。对此部分来访，人民调解工作室则以答疑解惑的方式予以处理。

更多的则是对纠纷一方来访的咨询，人民调解员通过了解来访者的咨询内容，从中发现并捕捉其认识上的误区，及时分别采取情绪舒缓、心理解压、纠正其错误认识等方法，从而实现矛盾的化解或缓解。正可谓咨询中有调解，调解中有咨询。

人民调解工作室的工作机制与模式，在目前人民调解工作延伸进法院已取得的工作成效的基础上，还要从以下几个方面进一步完善延伸的空间。

（一）扩大人民调解工作室调解的范围

在人们的传统印象中，人民调解的工作范畴基本上限于调解家庭纠纷和邻里纠纷。然而随着社会的发展，利益格局不断重新调整，导致许多新情况、新问题、新矛盾越来越多，造成各类纠纷复杂多样，矛盾纠纷的主体由公民与公民转化为公民与法人和其他社会组织以及单位之间；矛盾纠纷的内容也由婚姻、家庭、邻里、继承、赡养等简单纠纷发展为经济纠纷、下岗待岗职工与企业的纠纷、劳资关系纠纷、物业管理纠纷以及动拆迁纠纷等。如今人民法院受理民事案件的"案由"几经调整，已经达到了400多项；2010年颁布的《人民调解法》已经取消了人民调解委员会受理民间纠纷的限制……这些都表明人民调解的工作范畴已经扩展到我们日常生活的各个领域，民间纠纷的外延在无限地扩大着，可以说，法律不禁止的都可以列入调解受案的范围。

在这方面，西城区人民调解工作室大胆尝试调解不曾接触过的纠纷。如在当前图书出版业并不是很景气的时期，知识产权纠纷案依然居高不下，出版单位因侵权频出而屡当被告。这类纠纷在人民调解业务当属"冷门"了。但调解工作室并没有因其"冷"而"落"。

案例

家住门头沟的赵某，是一名年轻的美术爱好者，其作品也多有发表。偶然间的一天，在西城区的某出版社出版的一本图书中，赵某发现了他的绘画作品。于是赵某便委托律师与出版社交涉，数月未果。赵某便慕名来到位于西城区人民法院内的人民调解工作室，请求帮助调解，他明确表示不想通过诉讼解决。

调解员通过对赵某出示的证据进行审查后，依据《著作权法》的有关规定初步确认出版社的侵权行为成立，遂决定接受赵的申请。随后调解员与出版社取得了联系。出人意料的是，出版社听说是人民调解工作室而不是律师，竟欣然同意接受调解。当双方如约来到工作室后，调解员再次核实了双方的资料,并依据《著作权法》关于使用他人作品未按照规定支付报酬的都要承担法律责任和关于使用他人作品应当同著作权人订立合同或者取得许可的规定,释明了调解观点与方案。在法律和事实面前,出版社没有更多的辩驳,表示同意向赵某支付使用其作品的报酬。但事情并未就此完结,敏锐的调解员还考虑到一个后续问题,即出版社还能否再版销售?在调解员主持和进一步的引导下,双方很快就这后续的问题也达成了协议。当双方领取了调解员制作的《调解协议书》之后,他们高兴地握着调解员的手说:"真没想到,你们做人民调解员的,也能调解这种比较专业的法律问题,佩服。"这起著作权纠纷案在调解员的努力下,画上了一个圆满的句号。

值得一提的是,近几年西城区人民法院(北区)民事案件立案数量年均已突破20000件,与此相对应的是,西城区人民调解工作室年均接访民事纠纷也超过了2000件。如此大的工作量,如此广泛的业务范围,都给调解员们带来了不小的工作压力。令人欣慰的是坚守在调解工作室的几位人民调解员,都是来自政法战线上的"老"法律工作者。他们不仅司法实践经验丰富,更重要的是具有一颗赤诚的心,他们并不满足已经掌握的法律业务,仍然坚持努力学习新知识、了解新规定、研究新形势下的民间纠纷的新特点,从而能够从容应对各种纠纷。

(二)加大对人民调解工作室资金的投入

"人民调解进法院"作为"诉调对接"机制的创新方式在全国蔓延。2003年上海长宁区法院设立了全国第一家专业化人民调解机构——"区联调委人民调解窗口",开创了人民调解走进法院的先河。随后,"人民调解窗口""人民调解工作室""诉调对接人民调解工作室"等如雨后春笋般地在各地法院挂牌成立。目前,附设于法院的"人民调解工作室"形式也得到最高人民法院的肯定。而实践中各地的"人民调解工作室""人民调解窗口"都是在当地的司法局和法院共同推动下成立的,实质上受当地司法局的"领导",人民调解工作室的经费也都是由当地政府支付,但由于缺乏统一规范和立法支持,各地人民调解工作室的经费也主要看当地经济状况和财政的"脸色"。为保障人民调解工作室的有效运作,实现人民调解机构的可持续发展,政府应当加大对人民调解工作机构的财政投入,可建立经费单独预算制度。从功能上看,人民调解工作机构主要是在诉前进行案件分流,目的是缓解基层一线法院的压力。所以考虑从法院的案件受理费中拨付,这不仅可能而且具有正当性,但不宜采取直接由法院拨付经费的办法。

(三)调整普法宣传与业务培训方向

驻法院人民调解工作室的一个重要职能应该是积极为各街道调委会提供业务培训。司法行政机关也应轮流选派各街道的人民调解员来驻法院人民调解工作室进行业务锻炼;法院也将依托驻法院人民调解工作室来加强对人民调解的指导。因此,驻法院人民调解工作室也兼具有带教和培训的职能。

(1)认真分析当前涉房纠纷、继承纠纷、婚姻纠纷、相邻纠纷以及劳动与劳务纠纷中的形势、特点,调整普法宣传与业务方向。

(2)针对民间纠纷来访群体的特点,将普法对象向中年人群体倾斜;又因为中年人群体大多还处于在职工作状态,因此普法范围在保障社区需求的前提下,要向机关、企事业单位等渗入。

(3)除了采用常规的组织讲课培训形式外,还应与法院共同组织案例研讨、疑难会诊以及组织人民调解员参加法庭旁听等多种方式,加强对基层人民调解组织和调解员的培训。

在相关的纠纷形势分析、普法宣传、业务培训等各方面,人民调解工作室的工作与人民法院之间还有诸多的资源共享与延伸几率。

(四)推动人民调解工作室调解员的专业化建设

人民调解组织除附设于乡镇、街道、村(居)委、企事业单位外,还

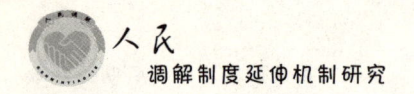

将人民调解延伸至法院工作中,其主要职能是对诉至人民法院但尚未立案的矛盾纠纷开展调解工作,或应人民法院的委托、邀请对已经立案的案件开展调解工作。设立在法院的人民调解工作室应当配备若干名以上专职人民调解员,并可根据工作需要配备若干名兼职人民调解员。人民调解员由司法行政机关会同基层人民法院根据《人民调解法》规定的条件研究确定,由县(市、区)人民调解委员会聘任。选聘人民调解员时,应当优先考虑具有审判经验和调解工作经验的退休法官、退休检察官、律师和其他具有调解经验的人员。基层人民法院可以推荐符合人民调解员资格的人员,经司法行政机关授予人民调解员资格,担任人民调解工作室的人民调解员。人民调解工作室受人民调解委员会和基层人民法院的双重管理。人民调解工作室在基层人民法院的主持下进行调解工作,并接受基层人民法院的业务指导。

西城区人民调解工作室设在西城区人民法院的立案大厅中,由区司法局直接领导,由区人民调解员协会暨区人民调解委员会派驻五名专职人民调解员,由人民法院安排辅助工作人员,每周一至周五全天开展民间纠纷的接访与调解工作。

(五)加强基层人民法院对调解工作室工作的指导

《人民调解法》第五条第二款规定:基层人民法院对人民调解委员会调解民间纠纷进行业务指导。

人民法院,尤其是基层人民法院,应当重视人民调解在解决社会矛盾纠纷中的优势和作用,克服唯案办案的局限思维,高度重视对人民调解工作的指导,把指导人民调解工作作为一项重要任务列入年初工作计划,纳入年终目标考核内容之中,并定期检查落实,形成主要领导做第一责任人亲自抓,分管领导做直接责任人具体抓,其他领导协助抓,一级抓一级、层层抓落实的领导责任体系,切实改变"工作写在纸上、落实讲在嘴上"的局面。相信这样做不仅可以弥补法院审判资源的不足,而且能借助人民调解之力，为构建和谐社会、化解社会矛盾工作作出更大的贡献。

1. 设立专职指导机构——调解办公室

可以在院部诉讼服务中心(立案厅)内设调解办公室，由院分管领导担任办公室主任，负责全院立案前调解及对人民调解的指导和管理工作，民事第一审判庭、民事第二审判庭及各人民法庭为责任部门，各庭长担任部门负责人，庭内审判人员任人民调解指导员，使调解办公室与矛盾调处中心对接、基层法庭与辖区矛盾调处中心对接。

由调解办公室定期或临时向各责任部门下发业务指导文件，布置业务培训任务，各责任部门负责实施，最后由各责任部门向调解办公室反馈任务完成情况，由办公室组织各责任部门相互交流、学习，介绍好的方法、经验，以供参考，达到统筹安排、整合利用各种资源的效果。

2. 建立健全多元化长效培训指导工作机制

提高人民调解员的法律政策水平、文化水平和调解工作技能是指导人民调解工作的重中之重。实践中，对人民调解员的业务指导没有建立起长效机制，培训方法过于单一，培训内容相对滞后。

(1) 充分利用现代办公资源，建立指导人民调解网络管理平台。

联合移动通信公司，为指导人民调解工作成立专门的网络窗口，由法院内部指导人民调解工作的专门机构(如调解办公室)将人民调解工作培训年度计划公布于网站，并定期或临时公布安排法律咨询、业务培训、巡回办案等一系列指导活动的时间、地点及参加人员，使培训者和被培训者都能早做准备。

(2) 创办《人民调解月刊》或《人民调处手册》之类的连载杂志、书刊。

上海市法院和其他单位联合创办的《社区常见法律纠纷调处手册》，内分"婚姻家庭篇""民间借贷篇"等专章性内容，让全市人民调解员掌握人民调解工作应知应会的法律知识和法律常识。同时，还刊载典型调解案例评析、调解经验介绍等内容，对全市人民调解工作进行指导，效果甚

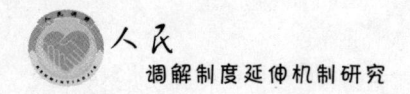

好，被赞誉为人民调解员的"工具书"。

（3）创新培训方式，使培训方式多样化。

第一，集中授课培训。集中授课培训可采取区集中培训、乡镇分级培训；定期培训、不定期培训等多种形式。可邀请1~2名经验丰富的法官和专业律师担任人民调解培训常年客座讲师，由他们结合自己多年的工作经验和相关案例对社区多发性民事纠纷（如婚姻家庭纠纷、农民劳动争议、相邻纠纷、赡养与继承纠纷等）涉及的基础法律、调解技巧进行专题讲座，并对如何制作人民调解谈话笔录、如何制作调解协议、如何立卷等工作给予专项培训。新的法律法规颁布后，要及时组织辖区的人民调解员对新法律法规进行讲解。

第二，诉前调解案例庭审旁听。一般来说，对那些双方当事人日常生活圈比较紧密，双方需要长期共处的纠纷，如婚姻家庭、财产继承、相邻关系、宅基地、物业管理纠纷等，如果处理不当甚至会激化为严重的刑事案件，因此这类案件一般会开展诉前调解，希望可以把矛盾消解在萌芽状态。如果调解不成，开庭时，法官可以邀请参加诉前调解的人民调解员旁听庭审。庭后，由法官讲解，传授调解技能、法律适用等有关业务知识，以提高业务指导的针对性和实效性。对审理涉及人民调解协议的民事案件，也可通知制作调解协议的相关人员，旁听案件的审理。

第三，专线电话随机指导。在每个指导调解工作的责任部门建立定点定人联系制度，落实一个审判员帮带多个人民调解员的"一对多"帮带模式，点对点就人民调解员个案调解过程中遇到的法律问题予以解答，主要采用"专线电话答疑"指导模式。同时，每个审判员每季度至少旁听一位自己所帮带的调解员的调解观摩活动。这样，人民调解员在实际工作中一遇到法律及调解技巧问题，随时就能解决，进一步提高人民调解员化解民事纠纷的能力水平。

（4）培训内容与时俱进

随着社会的进步，经济的发展，新形势下人民内部矛盾已不仅仅表现为婚姻家庭、邻里、损害赔偿等常见性、多发性矛盾，还出现了城乡建设、土地承包、环境保护、征地拆迁、农村基层自治组织改选引发的种种社会热点、难点纠纷。对此，对人民调解员的培训也要与时俱进，紧跟时代潮流，研究、分析遇到的各种新矛盾、新问题以及民间纠纷的新特点、新规律，找出带有普遍性和规律性的问题，总结调解工作的新经验，及时向人民调解员推广，促进人民调解工作快速发展。

3. 规范调解协议书的制作

《人民调解法》第二十八条规定，经人民调解委员会调解达成调解协议的，可以制作调解协议书。当事人认为无需制作调解协议书的，可以采取口头协议方式，人民调解员应当记录协议内容。

《人民调解法》第二十九条规定，调解协议书可以载明下列事项：

①当事人的基本情况；

②纠纷的主要事实、争议事项以及各方当事人的责任；

③当事人达成调解协议的内容，履行的方式、期限。

调解协议书自各方当事人签名、盖章或者按指印，人民调解员签名并加盖人民调解委员会印章之日起生效。调解协议书由当事人各执一份，人民调解委员会留存一份。

由此可以看到，人民调解协议的内容和制作要求有严格的规范，为提高人民调解员制作人民调解协议书的质量和水平，法院可以通过以下几种形式指导、规范人民调解员对调解协议书的制作：

（1）对审结的涉及人民调解协议的民事案件实行定期或不定期质量评查分析，通过评查分析，归纳其中的语言规范问题、表达歧义问题等，向人民调解委员会提出修改建议，帮助提高人民调解委员会工作水平和社会公信力。

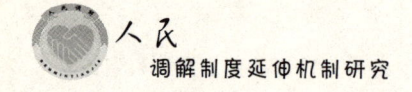

（2）对涉及人民调解协议被人民法院生效判决变更、撤销或者确认无效的，人民法院要以适当方式告知当地司法所和人民调解委员会。

（3）发现人民调解协议书具有《最高人民法院关于审理涉及人民调解协议的民事案件的若干规定》第五、第六条规定的情形等问题时，应当及时向司法所和人民调解委员会提出纠正的司法建议。

4. 精心构筑"三维"指导网络

法院与司法局定期召开联席会议，交流人民调解工作开展情况，分析人民调解工作中所存在的问题，总结经验，研究对策，制定改进措施。建立联合培训制度，通过集中培训、旁听庭审、担任人民陪审员等手段，加强对人民调解员的业务培训，提高人民调解员的业务素质。

加强与人民调解委员会等相关单位的沟通和交流，建立指导人民调解工作例会制度，建立畅通的信息交流渠道，及时反馈经人民调解又起诉到法院的民事案件，使人民调解与诉讼调解做到有机结合，建立长期良好的联络机制。建立结对工作联系制度，通过面对面交换意见的方式加强对人民调解的具体指导，分析研究纠纷发生的特点和倾向性问题，确定当前预防纠纷发生的措施和人民调解工作的重点，并进行有关法律知识业务培训。

只有建立起法院与司法局、调解委员会的"三维"联动立体式调解网络，树立指导工作一盘棋思想，协作联动，齐抓共管，才能形成工作合力，将人民调解的优势尽显。

5. 建立指导调解工作的激励制度

坚持考评，将指导工作具体落实到个人，建立指导人民调解工作的责任制，每位从事指导人民调解工作的人员都有自己的职责和工作范围，同时建立指导人民调解工作档案和个人成果档案，每年年初制订指导调解工作的计划，各位审判人员按照计划组织实施，年终将指导人民调解工作的成果作为一项目标考评，凡在指导人民调解工作中创新思路、方法得当、效果明显的，均给予相应的精神鼓励和物质奖励，对于没有完成工作任务的干警，给予相应的行政处分，将指导人民调解工作真正视为法院基础工作的一部分，通过奖惩激励制度调动法院干警指导人民调解工作的积极性。

在新的历史条件下，如何有效指导人民调解是一项挑战，更是一个机遇，人民法院在人民调解这一具有中国特色的重要法律制度和广阔天地中已大有作为，相信也必将更有作为，最终实现人民调解与司法裁判的功能相济和良性互动，为党政减压，为基层维稳构牢第一道防线。

（六）逐步建立与法院诉讼调解工作相适应的各种延伸机制

考虑到人民调解工作室设立于人民法院内，除了要保证其作为一项"便民服务"措施的作用继续发挥外，还应当针对人民调解工作室在日常接访中所涉"诉前纠纷、诉中纠纷、诉后纠纷"的特点，考虑逐步与人民法院相应业务庭室建立关联机制的问题，从而实现进一步延伸。

1. 与法院建立"调解前置"的关联机制

"调解前置"是人民法院在适用简易程序审理民事案件时，将符合一定条件的案件在法庭调查前先行调解的制度。

早在2004年实行的《最高人民法院关于人民法院民事调解工作若干问题的规定》（以下简称《规定》）中就有规定：对于有可能通过调解解决的民事案件，人民法院应当调解……人民法院可以邀请与当事人有特定关系或者与案件有一定联系的企业事业单位、社会团体或者其他组织，和具有专门知识、特定社会经验、与当事人有特定关系并有利于促成调解的个人协助调解工作……当事人在和解过程中申请人民法院对和解活动进行协调的，人民法院可以委派审判辅助人员或者邀请、委托有关单位和个人从事协调活动。

为解决审判力量严重不足,以提高诉讼效率,确保司法公正,《规定》对调解人员的范围作了扩大性规定。调解组织的社会化主要通过两种方式实现:一是邀请协助调解,就是人民法院依法可以邀请与当事人有特定关系或者与案件有一定联系的企业事业单位、社会团体或者其他组织,和具有专门知识、特定社会经验、与当事人有特定关系并有利于促成调解的个人协助调解工作。二是邀请主持调解,就是在经各方当事人同意后,人民法院委托有法律知识、相关工作经验或者与案件所涉问题有专门知识的单位或者个人对案件进行调解,如技术专家、居委会、人民调解组织、行业主管部门等。经调解达成调解协议的,由人民法院依法予以确认,与法官主持调解产生相同的效果。

另外,最高人民法院还将如下几类民事案件确定为调解前置案件。

(1)《规定》将婚姻家庭纠纷和继承纠纷列入调解前置程序,主要是因为这两类案件内含着丰富的伦理道德内容,如果单纯用法律规范去调整,不利于纠纷的彻底解决。

(2)《规定》将劳务纠纷、宅基地和相邻关系纠纷以及合伙协议纠纷列入调解前置程序,主要是因为这些纠纷关系到当事人最基本的生活秩序和生活环境,如果以调解方式化解矛盾,便于当事人在未来的合作与生活中和睦相处。

(3)《规定》将交通事故和工伤事故引起的权利义务关系明确的损害赔偿纠纷列入调解前置程序,主要是为了使受害一方当事人能尽快获得赔偿。在司法实践中,如果通过正常的诉讼程序解决因交通事故或工伤事故引起的损害赔偿纠纷,常常需要一年甚至更长的时间,这就使受害一方的当事人要经历漫长的等待和煎熬。如果当事人双方通过调解前置程序解决纠纷,既可以缩短获赔的期限,又便于双方实际履行调解协议。

(4)《规定》将诉讼标的额较小的纠纷列入调解前置程序,是因为通过调解方式解决这类纠纷的可能性较大,也符合国家司法资源合理配置的原则。

根据前述当前民间纠纷形势中得知,这几类案件中,大多恰恰是人民调解工作室在日常工作中接访量最高的纠纷,实际工作中也正是人民法院最需要借助社会力量实施调解的案件。人民调解工作室设立于法院内,与人民法院在这几类纠纷中形成最佳组合,具有得天独厚的条件。

2. 与法院其他庭室工作的关联机制

人民调解工作室除了在"调解前置"的纠纷中与人民法院有待延伸的可能性外,在以下几个方面,亦有将延伸进一步深化的可行性。

(1) "诉中调解"与"判后答疑"的关联机制。

鉴于正在诉讼中或诉讼后的纠纷,仍多有当事人到人民调解工作室来访,人民调解工作室应与相应的审判庭之间建立一种关联机制,审判人员可将庭上了解到的情况与调解员沟通,调解员也可将审判人员在庭上了解不到的情况与之沟通。在有助于全面了解情况的基础上,二者合力共同调解,有可能会产生单纯一种调解形式得不到的效果。

(2) "诉后执行和解"的关联机制。

当前"执行难"的形势依然严重。纵观民事执行案件的情况,不乏被执行一方固执己见的原因,再加之其本身就是败诉方,因此对法院的抵触情绪在所难免,导致执行难以进行。此时更需要社会有关力量配合人民法院的工作。在这个环节,人民调解亦可以介入,换个角度帮助当事人理解、服从人民法院的判决。这就是人民调解工作室可以与法院执行庭建立"诉后执行和解"关联机制的主要内容。

(3) "诉后积案(包括信访案)化解"的关联机制。

当前,信访情况较为严峻,但其中属于无理"缠诉"的情况较多。虽然多年来人民法院一直在以自身的力量努力化解,但"息诉罢访"的效果并不理想,其中很大的原因就在于有些当事人,因为达不到自己的目的,只针对法院施压,而社会外界(包括其所在社区或单位甚至其家人)对此

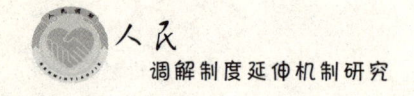

并不真正了解,由于对其无任何社会舆论评价的介入,故这些当事人似乎就处于一种更加"自信"的状态。

为了解决这些"积案",基层人民法院采取了邀请其他社会各界人士共同调解或协调的处理方法,人民调解工作室亦与法院审判监督庭、信访办建立"诉后积案(包括信访案)化解"的关联机制,并借助西城区人民调解员协会的力量,统筹利用基层人民调解资源并发挥更大的作用。

(4)"轻微刑事案件"实行联合调解的关联机制。

与法院刑事审判庭建立"轻微刑事案件"(侮辱、毁谤案,暴力干涉婚姻自由案、虐待案、财产侵占、人身伤害赔偿以及其他可以适用调解解决的刑事自诉案件等)实行联合调解的关联机制。

在刑事案件中,可以设置"调解前置"的事项包括未成年犯罪嫌疑人,以及成年犯罪嫌疑人中的过失犯、初犯、偶犯。对未成年人适用刑事调解是各国通例,也是刑事司法国际准则对少年司法特殊要求的具体化。在未成年犯罪嫌疑人之外,刑事调解的适用对象应扩大到成年犯罪嫌疑人中的过失犯、初犯、偶犯。由于其犯罪的主观恶性较小,教育改造的难度不大,从加害恢复的角度理应将他们确定为刑事调解的适用对象。可适用于以下轻微刑事案件。通常为法定刑在三年以下的有期徒刑案件,可视为轻微刑事案件,主要包括以下三种:

一是告诉才处理的案件(侮辱、诽谤案),暴力干涉婚姻自由案、虐待案,以及侵占案。

二是《刑事诉讼法》第一百七十条第二项所规定的案件,即"被害人有证据证明的轻微刑事案件"。按照《关于刑事诉讼法实施中若干问题的规定》第四条的解释,主要是指以下几种:①故意伤害(轻伤)案;②重婚案;③遗弃案;④妨害通信自由案;⑤非法侵入他人住宅案;⑥生产销售伪劣商品案(严重危害社会秩序和国家利益的除外);⑦侵犯知识产权案(严重危害社会秩序和国家利益的除外);⑧属于刑法分则第四章、第五章规定的,对被告人可能判处三年有期徒刑以下刑罚的其他轻微刑事案件。

三是未成年人的普通刑事犯罪案件。包括各类过失犯罪，以及亲属邻里关系中的盗窃，数额不大的诈骗、抢夺、敲诈勒索等。上述轻微刑事案件中的犯罪行为主要侵犯了被害人的个人利益，对公共利益的损害较小，适用刑事调解不至于造成对被害人、犯罪人利益保护和公共利益保护的失衡。

（5）部分权限范围内的司法资料共享的关联机制。

与法院研究室建立一定权限内的司法资料共享以及信息交流机制，是指人民法院可为人民调解工作室驳接法院内网，通过设定登录权限，在保证不泄密的前提下，供工作室的调解人员能够及时查询、了解最新司法工作动态，以避免人民调解员在接访中，由于对最新相关资讯不了解、不掌握而产生被动，同时也能提高人民调解员的知识水平与专业能力。

（6）人民调解员资源共享的关联机制。

司法局和法院在一定范围内，建立具有一定调解工作能力或具备一定专业特长的人员的信息名录（如按街道设置首席调解员制度等），供遇有疑难纠纷时，供人民调解工作室与人民法院实施共同调解、组织论证会或协调会等时调用，实现调解力量资源共享。

（七）严格适用司法确认程序，加强人民调解协议的法律效力

为了加大化解社会矛盾力度，实现诉讼调解与非诉讼调解有机衔接，就必须克服人民调解组织调解达成的调解协议的效力局限性。司法确认程序是完善多元纠纷解决机制的重要内容，这一制度把"非诉讼"的人民调解和司法的强制力结合起来，对运用多种途径解决纠纷起到了聚合作用。2011年1月1日起施行的《中华人民共和国人民调解法》和2011年3月30日起施行的《最高人民法院关于人民调解协议司法确认程序的若干规定》，标志着我国多元纠纷解决机制改革进入新阶段。对于司法确认的程序，《人民调解法》只有一个条文规定了有关司法确认的程序性问题，即第三十三条规定：经人民调解委员会调解达成调解协议后，双方当事人

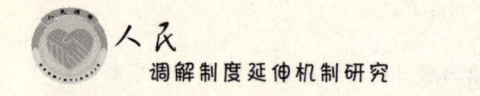

认为有必要的，可以自调解协议生效之日起三十日内共同向人民法院申请司法确认，人民法院应当及时对调解协议进行审查，依法确认调解协议的效力。人民法院依法确认调解协议有效，一方当事人拒绝履行或者未全部履行的，对方当事人可以向人民法院申请强制执行。人民法院依法确认调解协议无效的，当事人可以通过人民调解方式变更原调解协议或者达成新的调解协议，也可以向人民法院提起诉讼。此条规定得较为笼统，操作性不强。鉴于人民调解协议司法确认程序具有特殊性，既非典型的诉讼程序，亦非典型的非讼程序，而是介于诉讼与非诉讼之间的特殊审判程序，因此有必要对该程序的相关内容加以细化。

人民调解工作室调解书申请司法确认后，审查法官应当严格把关。对于没有存疑的、交易金额较大或者不符合交易习惯的案件尤其慎重，必要时可以对当事人进行询问，调查案件真实情况。

人民调解协议的司法确认程序纳入法院整体工作后，可以接受法院原已成熟的监督体系监督，办理确认案件仍应遵照人民法院办案纪律、回避规定等。出现审查不严致使经过确认的协议内容不便执行或者与法律相悖的情形，应设计相应的补救措施。

结　语

人民调解与基层法院工作相结合，是当前舒缓人际关系、协调社会利益，把社会矛盾化解在基层、解决在萌芽状态的一项重要内容。西城区人民调解工作室的设立，将人民调解置于诉讼之前，延伸至法院内，不失为一项创举。人民调解延伸至基层法院工作，将在人民调解工作中占有独特的、不可替代的作用，随着人民调解作用的充分发挥与立法完善，人民调解在基层法院工作中的地位将逐步得到加强。

工作实践证明，这种模式不仅在人民调解与诉讼调解之间形成衔接作了有益尝试，也为最终在两者间实现有机对接奠定了基础。我们应该通过进一步的探索与总结，通过整合行政、司法、社区之间的互动关系，科学认识并加强人民调解在基层法院工作中的地位，不断完善人民调解与基层法院工作的结合机制。因此，如何使延伸得以深化，并将这项工作机制实现良性循环、最终持续运行下去以发挥更大的维稳效应，有待我们继续予以关注和探讨。

参考文献

[1] 王公义.中国的人民调解制度[M].北京:法律出版社,2005.

[2] 张新民,王欣新.人民调解员工作手册[M].北京:中国法制出版社,2000.

[3] 谭世贵.中国司法制度[M].北京:法律出版社,2005.

[4] 齐蕴博,刘姗.论人民调解制度的改革与完善[J].法制与社会,2009,21.

[5] 张友鱼.中国大百科全书:法学卷[M].北京:中国大百科全书出版社,1984:589.

[6] 苏力.农村基层法院的纠纷解决与规则之治[M]//《北大法律评论》编委会.北大法律评论.北京:法律出版社,1999,2(1):80-81.

[7] 马塞尔·莫斯.礼物:古式社会中交换的形式与理由[M].汲喆,译.上海:上海人民出版社,2005.

[8] 杨荣新,邢军.人民调解制度研究[J].南阳师范学院学报,2003(5).

[9] 彼得·斯坦,约翰·香德.西方社会的法律价值[M].王献平,译.北京:中国法制出版社,2004:45.

[10] 王公义.人民调解制度是解决社会纠纷的重要法律制度[J].中国司法,2005(5).

[11] 陈志新.关于在人民调解制度中吸纳国外ADR成果的思考[J].中国司法,2005(4):1.

[12] 中国行政管理学会信访分会.信访学概论[M].北京:中国方正出版社,2005:9-10.

[13] 费孝通.乡土中国[M].北京:北京出版社.2004.

[14] 苏力.现代化视野中的中国法治[C]//苏力,贺卫方.20世纪的中国:学术与社会 法学卷.济南:山东人民出版社,2001:5-6.

[15] 格尔德宝.纠纷解决——谈判、调解和其他机制[M].蔡彦敏,等,译.北京:中国政法大学出版社,2004:108.

[16] 范愉.非诉讼解决机制研究[M].北京:中国人民大学出版社,2000:109.

[17] 陆思礼.毛泽东与调解:共产主义中国的政治和纠纷解决[C]//强世功.调解、法制与现代化:中国调解制度研究.北京:中国法制出版社,2000:178-180.

[18] 应星.作为特殊行为救济的信访救济[J].法学研究,2004(3):62.

[19] 徐昕.论私力救济[M].北京:中国政法大学出版社,2005:109.

[20] 董磊明.宋村的调解——巨变时代的权威与秩序.法律出版社,2008:99-100.

[21] 何宣伦.中国城镇地区人民调解制度改革[M]//徐昕.司法:第1辑.戴昕,译.北京:法律出版社,2006:243.

后　记

　　下决心写这本书，是被西城区人民调解员协会六位专职调解员的工作精神所感动。这六位调解员是会长彭淑媛，副会长刘跃新，秘书长孙明德及调解员柴瑞琴、张焕青、甄红。从2007年协会成立至今，他们做了大量的工作，分流了西城区法院的诉讼业务，在一定程度上分担了法院的工作量，而且在工作中积累了许多经验。我只想把他们的工作经验归纳、总结，一是把他们的工作介绍给社会，让社会了解，进而能支持他们的工作；二是把他们的工作经验推广宣传，发挥调解应有的作用。

　　在这里特别感谢西城区人民调解员协会副会长刘跃新老师，书中涉及协会工作的数字、图表，都是由他计算、制作并提供的。

刘艳云
2014年7月